山西青少年旅游丛书

“三晋门户”与“文化古城”

阳泉与晋中篇

李永明 / 主编

杜碧媛 / 编著

山西出版传媒集团

山西人民出版社

图书在版编目（CIP）数据

“三晋门户”与“文化古城” / 杜碧媛编著. — 太原 : 山西人民出版社, 2024.6
（山西青少年旅游丛书 / 李永明主编）
ISBN 978-7-203-12642-3

Ⅰ. ①三… Ⅱ. ①杜… Ⅲ. ①旅游指南－阳泉－青少年读物②旅游指南－晋中－青少年读物 Ⅳ. ①K928.925-49

中国国家版本馆CIP数据核字(2024)第054745号

“三晋门户”与“文化古城”

编　　著：杜碧媛
责任编辑：傅晓红
复　　审：李　鑫
终　　审：梁晋华
装帧设计：张子亮

出 版 者：山西出版传媒集团・山西人民出版社
地　　址：太原市建设南路 21 号
邮　　编：030012
发行营销：0351－4922220　4955996　4956039　4922127（传真）
天猫官网：https://sxrmcbs.tmall.com　电话：0351－4922159
E－mail ：sxskcb@163.com　发行部
sxskcb@126.com　总编室
网　　址：www.sxskcb.com

经 销 者：山西出版传媒集团・山西人民出版社
承 印 厂：山西出版传媒集团・山西人民印刷有限责任公司

开　　本：787mm×1092mm　1/16
印　　张：7.5
字　　数：150 千字
版　　次：2024 年 6 月　第 1 版
印　　次：2024 年 6 月　第 1 次印刷
书　　号：ISBN 978-7-203-12642-3
定　　价：78.00 元

丛书编委会

01 概述

山西省的地图大体上呈现出南北长东西短的平行四边形。阳泉和晋中两市位于山西省晋中地区的东部，北接忻州市，西部与太原、吕梁市相接壤，南部与临汾、长治市相邻，东部依太行山脉与河北省相毗邻。晋中、阳泉两市地貌类型复杂多样，山、川、丘陵、平原等皆备，其中北部地区山地较多，处于系舟山和太行山的结合部；有九条山脉，山顶海拔700—1700米不等，海拔高度差较大，南部地区位于太行山中段和太原盆地之间，地势整体上东北部陡峭，海拔高度大，西南部丘陵、平原较多，地势低。山西省中部地区的晋中和阳泉两市位于内陆黄土高原的东段，虽然相连接，但是两市内的气候并不相同，阳泉市更靠近东部，属于暖温带半湿润大陆性季风气候，气候受季风和地形的影响较大；而晋中市属于暖温带大陆性半干旱季风气候区，一年四季分明。晋中和阳泉地区同属于黄河和海河流域，境内水资源和自然资源丰富。

山西省自古以来就是华夏文明的发源地之一，泱泱华夏五千年的历史在山西大地上可以寻到踪迹，被称为“表里山河”，右拥抱着峰峦雄伟的巍峨太行，左依傍着气势磅礴的滔滔黄河。晋中市和阳泉市位于以太原盆地和忻定盆地为核心的大晋中板块，阳泉和晋中同处于太行山的西麓，两地的历史变动最为复杂。奴隶社会时期，山西省中部属于夏朝的统治地区，西周初期山西省中南部有十几个诸侯国，晋国是其中主要的一个。春秋时期，晋国实力强大，最早推行郡县制，后来赵、魏、韩三家分晋，晋中和阳泉大部分属于赵国的领地。秦汉时期，太行山西麓地区的阳泉和晋中属于太原郡和上党郡管辖，东汉时期置乐平郡，治所在乐平（今天的晋中市昔阳县），隋朝时期置辽州，治所仍在乐平，后并入太原郡，唐时复置辽州，直到民国元年废州，中间北宋时期有所变动。东汉末年至隋朝初年，乐平郡辖区包括今天的阳泉市区和晋中一部分，隋唐五代时期阳泉市区和平定县多属太原管辖，民国初期均属冀宁道。新中国成立后设阳泉专区，管辖着阳泉和今天晋中的大部分县，1951年设阳泉市，1999年晋中地区改为晋中市，至今天未变。阳泉、晋中两市紧紧相连，两地历史上行政区域的划分变动也是分分合合，造成这一现象的原因主要是地理因素和人文因素。

晋中、阳泉地区的四季景色优美宜人，区域交通便利，是山西省晋文化的发祥地之一和山西省著名的旅游胜地，区域内的水资源、植物资源、动物资源、矿业资源和自

刘伯承伏击日军七亘战场

然资源丰富。抗日战争时期的太行山抗日根据地、晋冀鲁豫抗日根据地、晋绥抗日根据地等都是著名的革命圣地，是我国珍贵的历史文化资源。晋中、阳泉这块土地历经上下五千年的发展留给我们无数的文化资源，凝结了劳动人民智慧的结晶。忆往昔峥嵘岁月，这块土地留给我们无数涌动人心的记忆和灿烂的历史文化，岁月的光芒在今天依旧闪烁在太行山西麓的晋中和阳泉，历史文化的踪迹值得我们一步一步去探寻。

三晋门户——阳泉市

阳泉市位于山西省中东部，北边接壤忻州市定襄县、五台县，东边隔太行山与石家庄市平山县、井陉县相望，西边紧靠太原市阳曲县和晋中市寿阳县，南边毗邻晋中市昔阳县。阳泉市是古代晋冀要地，三晋门户，位于山西省会太原和河北省会石家庄的中间位置，各相距100多公里，同时又位于东部发达地区和中西部的结合地带，还位于环渤海经济区与长江三角洲经济区的合理运输区内。阳泉地处黄土高原东部边缘，境内多以山地为主，还有丘陵和平原，山地有九条山脉，北部有牛道岭山脉，西北有两岭山脉，东部包括白马山脉、秋林山脉、绵山山脉和艾山山脉，西列有北方山山脉、南方山山脉、七岭山脉。

阳泉市内生境复杂，自然资源丰富，植物种类多样，境内有菌类植物、蕨类植物、裸子植物、被子植物等类型。各科植物中，种数最多的是菊科、豆科、蔷薇科及禾本科。在植物品种资源中，可作药用的植物有160多种。植物品种多，可利用牧草地占比高。由于阳泉市内森林资源少，环境污染严重，古代记载的虎、獐、鹿等已经绝迹，或者很少，其余都是一些家禽类动物。阳泉市虽小，但是矿产资源丰富，已经查明的矿产有52种，无烟煤、硫铁矿、铝矾土等储量大、品质好，开采方便，是中国最大的无烟煤生产基地之一、全国三大铝矾土生产基地之一和五大硫铁矿生产基地之一。由于煤炭资源丰富，阳泉市近些年发展很快，经济位于山西省前列。

阳泉古称“漾泉”，早在旧石器时代中期，便有人类居住。唐虞夏商时代，阳泉为古冀州所在地，春秋时期，盂县地区有仇犹国，周朝时期属于赵国，后韩赵魏三家分晋，属于赵国，秦朝时期属于太原郡，三国时期南部属于乐平郡、北部属于新兴郡，西晋时期沿袭曹魏旧制，隋唐五代时期多有变化，清朝时期为直隶州，民国初为平定县和盂县。

阳泉市历史文化资源丰富，在东浮山有女娲炼石补天的遗迹，有春秋时代晋国赵

氏孤儿藏孤洞的传说，有春秋赵简子古城遗址，有汉淮阴侯韩信驻军遗址、唐代平阳公主率军驻守娘子关遗址；还有北魏石窟，南北朝摩崖石刻，宋代重建的关帝庙等古文化遗址。

阳泉拥有丰富的人文历史遗迹，是著名的三晋门户，具有承接东西，双向支撑的战略地位，是古来兵家必争之地。1947年，为支持解放战争，中共领导人决定将阳泉镇从平定县划出，建设新型工业城市，成为著名的中共第一城。阳泉的盂县自古以来教育发达，人才辈出，从唐代到清代出了161名进士，另一个县平定有108名，仅仅这两县便占尽三晋文脉，是真正的进士之乡、文献名邦。还有“百团大战”主战场狮脑山遗址等红色基地、古刹庙宇、梁家寨温泉、娘子关瀑布等。如今的阳泉，正在致力于打造晋东的旅游中心城市，将承接历史之光，在党的领导下熠熠发光。

一、红色景点

1.八路军一二九师马山军事会议旧址

八路军一二九师马山军事会议旧址，位于平定县东回镇马山村马齿岩寺，是1937年八路军一二九师东渡黄河挺进太行山时召开的第一次大型军事会议旧址，为著名的红

百团大战纪念碑

色旅游经典景区、山西省红色爱国主义教育基地。

1937年卢沟桥事变抗日战争全面爆发，日本帝国主义狂妄地宣称“三个月内”灭亡中国，日军从华北、上海等多个地区开始侵略中国。在这民族危亡的关键时刻，国共两党摒弃前嫌，中国人民携手抗日，红军改名为八路军开赴抗日战场。1937年八路军一二九师在挺进太行山时时任师长刘伯承元帅在马山村马齿岩寺召开了师部和三八六旅营以上干部会议，会议统一思想，明确任务，要迅速开展敌后游击战，阻止日军西进，史称“马山军事会议”。马山军事会议对打击日军、保卫山西起到了重要作用。马山军事会议决定，一二九师在晋东利用游击战配合国民党军队打击日军。会后，一二九师还组织了板桥村、长生口、蔡家岭等地的袭击战，尤其是刘伯承元帅亲自指挥部署的七亘伏击战，首次使用“重叠战术”，被多个国家写入军事教科书。这些战斗有力地支援了国民党军队在正面战场的作战，持续地打击了日军的嚣张气焰，延缓了日军侵略山西的步伐，打破了日军不可战胜的神话。

马山军事会议旧址内建有马山军事会议旧址纪念馆，纪念馆内包括军事会议室、刘伯承元帅休息室、指挥人员休息室、抗战烈士纪念亭以及实物展室等。近年来，马山村筹集资金修建了马山会议展览室，三八六旅红军露宿的红军街、红歌台等。2014年新建了抗战文化广场、八路军马山军事会议纪念墙，纪念墙由草白玉浮雕构成，寓意八路军对村民秋毫不犯，会议旧址南面有抗战烈士纪念亭。

红色的阳泉，在平定县的深处这里重峦叠嶂、深沟险壑、岩石陡峭、草木峥嵘，这里曾经谱写过抗战时期壮丽的篇章，如今走在这片土地上，我们可以重温当年的光辉岁月，领略历史的风骚，似乎看到当年八路军战士为了保护祖国的大好河山而抛头颅洒热血的视死如归的英雄气概。马山军事会议的红色精神永远留存在我们的心中，值得我们一代代铭记当年的国耻，奋发建设新中国。

2.百团大战纪念碑

百团大战纪念碑位于山西省阳泉市区南6公里，海拔1160米的狮脑山主峰上，这里曾经是抗日战争时期名扬中外的百团大战的第一阶段主战场。

1940年抗日战争进入相持阶段，日本侵略者为了尽快结束战争一面对共产党领导的华北敌后抗日根据地实行“囚笼政策”，一面对正面战场集结重兵准备进攻陕西，逼迫中国投降。为了彻底粉碎日军的阴谋，影响华北乃至全国的抗战局势，八路军在朱德总司令和彭德怀元帅的领导下从8月20日起，在华北敌后出动105个团，约40万兵力，在2500里长的铁路线上发动了“以彻底破坏正太路若干要隘，消灭部分敌人，切断交通线为目的”的百团大战。距离阳泉火车站以西的狮脑山是第一阶段的主战场，8月20日，聂荣臻同志指挥晋察冀军区15个团的兵力，向正太铁路线猛扑，三八五旅十四团在陈锡联团长的带领下于暴风雨之夜占领狮脑山，猛攻阳泉日军片山旅团司令部兵营，25日，敌人在200余架飞机的配合下主攻狮脑山主峰，我八路军战士英勇无畏，与敌人展开殊死搏斗，最终挫败了敌军，谱写了一曲可歌可泣的抗战史诗。百团大战毙伤日军总计12645人，缴获了大批的物资，破坏截断了敌华北的全部交通，粉碎了敌人进攻西安、重庆的战略企图，坚定了全国军民抗战到底的决心。

为了纪念"百团大战"的胜利，缅怀为国捐躯的先烈，阳泉市政府决定在狮脑山主峰修建"百团大战纪念碑"。1986年6月30日"百团大战纪念碑"建成，纪念碑坐北朝南，由主碑、三座副碑、一座大型圆雕、两座题字碑、四个烽火台和227米长的长城组成，主碑周围还有狮脑山公园的狮子阁、钟亭、蘑菇亭，共同形成一个宏伟壮观的建筑群。主碑的三面镌刻着彭真、徐向前、薄一波的题词，彭真的题词是"战绩辉煌，永垂史册"，徐向前的题词是"参加百团大战的烈士们永垂不朽"，薄一波的题词是"百团大战，抗日战争中最光辉的一页，必将载诸史册，永放光芒"。两座题字碑分别刻着"百团大战"和《狮脑山战斗纪略》，矗立在狮脑山上的百团大战纪念碑记录了当年八路军战士的英勇风采，如今，纪念是为了我们更好地记忆那段历史岁月，砥砺前行。

3.阳泉市革命烈士纪念馆

阳泉市革命烈士纪念馆位于山西省阳泉市城区的狮脑山路中段，"百团大战纪念碑"红色旅游景区东侧，原名阳泉烈士陵园，2005年6月从城区的德胜街南侧迁于此地，占地面积13803平方米，建筑面积8650平方米，该纪念馆是著名的红色旅游景点、山西省革命教育基地、爱国主义教育基地。

该纪念馆坐西朝东，位于狮脑山东山腰开阔处，三面环山，东北方可以遥望桃河，主要建筑有革命烈士纪念碑、中共第一城纪念碑、纪念馆、纪念广场等。正门上方有时任阳泉市委书记的题字"阳泉市革命烈士纪念馆"，整个建筑以花岗岩罩面，门前有汉白玉石栏杆，纪念馆内有第一、第二次国内革命战争，抗日战争，解放战争时期牺牲的烈士及其英勇事迹的展览，还有社会主义建设时期的劳模和建设

阳泉市革命烈士纪念碑

阳泉翠枫山景区

药林寺

冠山

冠山书院

者。纪念馆旁边矗立着革命烈士纪念碑，由三片高低错落的弧形巨大墙片和一道纪念墙组成，碑上书写着“革命烈士永垂不朽”，背面有阳泉市委市政府题写的纪念碑文，纪念墙长19.47米，高5.4米，正面镌刻着“中共第一城”。

在这层峦叠嶂，绿树环绕的山间，革命纪念馆内的照片讲述着革命先烈的英雄事迹，展示着波澜壮阔的战争岁月，展馆内采用声、光、电为一体的现代手法，记录了革命先烈为了人民奋斗的丰功伟绩，展示了阳泉人民不畏艰险、勇于奋斗的革命精神风貌，他们无私奉献的精神和革命的薪火将在我们这里代代相传。

二、热门景点

阳泉市的热门景点主要有娘子关景区、阳泉水帘洞瀑布、藏山风景区、固关长城、桃花沟景区、关王庙、冠山、开河寺、翠枫山自然风景区、百团大战纪念馆、药林寺森林公园、阳泉狮照山、桃河、红岩岭自然风景区、七机岩、滴水岩、石评梅故居等。

三、非遗目录

阳泉的国家级非物质文化遗产有：赵氏孤儿传说、鼓舞·平定武迓鼓、平定砂器制作技艺、 平定黑釉刻花陶瓷制作技艺。省级非物质文化遗产主要有：冠山连翘茶（延年翘）传统制作技艺、盂县桃仁月饼、阳泉民用铸铁技艺、平定紫砂制作技艺、晋派木工技术、阳泉河下冯氏正骨、正肤百应散、任氏痛风黑膏药及火针疗法、平定跑马陵道、平定移穰龙灯舞、手工临摹经典碑帖技艺（响榻）。

四、传统美食

阳泉市美食主要有阳泉压饼、枣介糕、阳泉漂抿曲（小河涝）、拉面、刀泼面、过油肉、肉罐肉、盂县红小豆、阳泉核桃、王村梨、黄瓜干等。

文化古城——晋中市

晋中市位于山西省中部偏东，东部依靠太行山与河北省的石家庄市、邢台市、邯郸毗邻，东北部与阳泉市相连，西部临汾河，与吕梁市接壤，北部与太原毗邻，南部与长治市、临汾市相连。晋中市是山西省著名的文化古城，历史上对这片区域的组合没有统一的名称，因市内大多数的县城属于山西省中部，而山西简称“晋”，故此得名“晋中”。

晋中市位于太行山中段与太原盆地中间，地处中纬度内陆的黄土高原上，境内山地、平原、丘陵皆备，地势东高西低，东部是太行山脉、沁潞高原、太岳山脉等山地，海拔在1000—2500米之间，中部丘陵地带，西部的汾河谷地和盆地地势低。晋中属于暖温带大陆性半干旱季风气候区，一年四季气候分明，春季拥抱着和煦的微风；夏季聆听着滴答的雨声；秋季漫步在秋高气爽的山间；冬季沉浸在银装素裹的世界里，听着那古老的传说。晋中市内水资源丰富，境内河流分属于黄河和海河流域，东部有松溪河、清漳河、浊漳河，西部有潇河、乌马河、昌源河、惠济河、龙凤河、静升河。你可以在闲暇时领略那气势磅礴的九曲万里黄河，也可以在怡然自得的悠闲时刻垂钓于山间的江河之上，还可以在烦躁时在清澈见底的潺潺流水中洗去心中的郁结。

晋中市位于山西省中部腹地，气候土壤条件好，适合温带植物生长，自然资源丰富，境内共有1000多种野生植物，其中的核桃楸、野大豆、水曲柳、翅果油树、刺五加、蛸实、黄芪以及天麻被列入《中国珍稀濒危保护植物名录》。晋中市境内动物种类多，有中日保护候鸟协定保护种类65种，金钱豹、林麝、金雕、大鸨四种国家一级保护动物，还有大天鹅、鸳鸯、蜂鹰、红隼、秃鹫、雕鸮、长耳鸮、灰鹤等21种国家二级保护动物。除了动植物资源以外，晋中市还有丰富的矿产资源，境内目前发现各种燃料矿、金属矿、非金属矿共65种，有10多种储量丰富的优势矿种，这些矿产资源为山西省的发展提供了强有力的能源支持。

作为孕育晋文化摇篮的晋中，早在商朝时期就有燕京戎、雀等部落居住，西周初年为华夏族和戎狄游牧部落杂居之地，春秋战国时期多为晋国土地，到了秦朝时期，榆次、阳邑等为太原郡管辖，西汉初为代王领地，三国时期归魏国并州统辖，北魏到唐宋时期多有分合。经过历史多年的发展，如今的晋中拥有丰富的人文旅游资源，有介子推、温庭筠、文彦博、祁奚等历史名人的足迹，你可以在平遥古城中感受千百年前的古代生活，可以在乔家大院探寻晋商的智慧，可以在王家大院领略王氏百年大族的风采，可以在渠家大院感受晋商文化的风韵，可以去日升昌票号看看古人金融理财的手段。一部山西省历史，融合了上下五千年的文明，在晋中这块土地上，我们可以感受到中国建筑、商业、民俗、美食文化的魅力。

尹灵芝纪念馆

一、红色景点

1.尹灵芝烈士陵园

尹灵芝烈士陵园又名尹灵芝纪念馆，位于山西省寿阳县城北坪，建成于1966年，是为纪念刘胡兰式的英雄尹灵芝烈士而建造。是山西省红色旅游景区，爱国主义教育基地、国防教育基地、德育基地。

尹灵芝烈士是名扬三晋的女英雄，1931年出生于晋中市寿阳县赵家垴村的一个贫苦农民家庭，她13岁担任儿童团团长，15岁任妇联主任，16岁加入中国共产党。1947年秋天为保护公粮和掩护群众安全转移被捕，9月21日，尹灵芝在刑场上宁死不屈，在被铡去双脚的情况下仍然高呼“共产党万岁”“毛主席万岁”，最后被凶残的敌人残忍杀害，壮烈牺牲，年仅16岁。尹灵芝烈士陵园建成40年以来，先后有越南、泰国、缅甸、古巴等多个国家的元首、国际友人以及全国数以百万的干部、群众、青年学生前往凭吊，是当地最为活跃的革命传统教育基地。

尹灵芝烈士陵园建筑面积2204.7平方米，陵园纪念馆中央是展馆正厅，厅内有尹灵芝烈士的高大塑像，还有与敌人展开斗争的雕塑，正厅两侧有两个陈列室，室内有尹灵芝烈士参加革命活动的事迹、绘画、图片、实物等。厅内还有一座介绍尹灵芝烈士生平的屏障。在展馆后面的高台上有尹灵芝烈士之墓，墓长100米，宽50米，墓上封土，墓前有2米高的尹灵芝烈士汉白玉纪念碑。尹灵芝烈士的陵园庄严肃穆、芳草青青、花团锦簇、松柏苍翠，这里的一草一木都记录着尹灵芝烈士为了英勇杀敌、为解放战争不怕牺牲、英勇就义的故事，这里的每一寸山水都见证了英勇的共产党人为共产主义革命奋斗终生的伟大事迹，这种不畏牺牲、勇往直前的精神值得我们每一个人铭记在心。

2.八路军石拐会议纪念园

八路军石拐会议纪念园位于晋中市和顺县横岭镇石拐村，占地66666.67平方米，由八路军石拐会议旧址、纪念馆、纪念碑、广场四部分组成。会议旧址占地2940平方米，为古式明清建筑；纪念馆总面积1400平方米，内设四个展厅，900平方米；纪念碑碑高19.45米，寓意为1945年抗日战争胜利；广场占地6000平方米，南端有两组大型八路军雕塑像，东西两侧是石拐会议简介和纪念园建设情况。

1937年11月13日，八路军总部在石拐召开高级干部会议，会议传达了党中央、中央军委关于开展游击战争、建立抗日根据地的重要指示，分析讨论了太原失守后的形势、兵力部署和进一步发动群众、广泛开展游击战争、建立抗日根据地等。会议还听取刘伯承关于一二九师出师以来的情况和工作汇报，研究一二九师依托太行山开展游击战争、建立抗日根据地以及加强决死队建设、与阎锡山搞好统战关系等问题，石拐会议在八路军抗战史具有里程碑式的意义。

八路军石拐会议纪念馆为省、市、县国防教育基地。党史教育基地、党员教育基地、廉政教育基地、爱国主义教育基地、艰苦奋斗教育基地、红色旅游基地等。

3.麻田八路军总部纪念馆

麻田八路军总部纪念馆位于山西省晋中市左权县城南45公里麻田镇上麻田村西南部，抗日战争时期这里曾经是华北的政治、军事、经济、文化中心。八路军总部、中共中央北方局等党政军首脑机关在此驻扎。该馆是山西省红色旅游景点中展陈面积最大、文物实物最多、内容最全面、展示手段最先进的专题纪念馆。

该纪念馆占地面积9.6万平方米，展馆面积6500平方米，展馆包括旧址和新址两部分。旧址包括：八路军前方总部旧址，邓小平旧居，左权、罗瑞卿旧居，北方局旧址，北方局党校旧址，新华日报社旧址，鲁艺学校旧址，后勤部旧址，总部科室旧址，武军寺彭

麻田八路军总部纪念馆

德怀旧居，下南会刘少奇路居，太行新闻烈士纪念碑，左权将军殉难处，陈毅《过太行山书怀》诗墙等景点。新址是以缅怀左权将军等老一辈无产阶级革命家和中国最早新闻战士为主题的纪念馆，以凭吊、休闲、旅游综合发展为一体。总部纪念馆由三个自然院落组成，有八路军总部办公室，邓小平故居，左权、罗瑞卿故居三部分，整个展馆的布置井然有序，里面有八路军及其老一辈革命领导人居住地方的原样陈列馆，还有反映抗战的照片、实物以及生活用品等，馆内展示了八路军战士在华北生活抗战的事迹和老一辈无产阶级革命家的光辉事迹。如今的展馆采用了光、电、声等先进技术，是人们缅怀革命先烈的纪念场所。

麻田八路军总部纪念馆是国家4A级旅游景区、全国重点文物保护单位、红色旅游经典景区、爱国主义教育基地。参观这些革命圣地，无产阶级革命者的光辉形象和精神气概永远感染着我们。

4.晋冀鲁豫边区临时参议会旧址

晋冀鲁豫边区临时参议会旧址位于晋中市左权县桐峪镇桐峪村西关老爷庙内，是国家3A级旅游景区、山西省文物保护单位、红色旅游经典景区。

该旧址建筑面积416平方米，二进院落，坐北朝南。一进院正殿为临时参议会的会

场，东配殿为主席团和资格审查委员会，西配殿为秘书处。二进院东配殿为边区议会办公室，西配殿为边区高等法院办公室，寝殿为边区政府办公室。旧址内陈列物品一共有105件，其中桌子28张，凳子55条，烛台4个，汽灯1个，暖壶5个，水杯2个，名单册7本，另外在墙上贴有地图，报纸、领导人物像、会议日程安排等。

1941年7月7日至8月15日，晋冀鲁豫边区临时会议在辽县（今左权县）召开，大会历时40天。这次会议是在中华民族危机空前严重的情况下召开的，大会团结了一切可以团结的力量，确定坚持抗战的总方针，适应了华北抗战形势的发展和巩固抗日根据地的要求，正式建立了边区政府领导机构。会后边区政府抓紧在各级政权中贯彻落实"三三制"建政原则，适应了抗战时期的形式，巩固了抗日战争根据地，在抗战史上书写了光辉的篇章。

5.榆社烈士陵园

榆社烈士陵园位于山西省晋中市榆社县，始建于1946年，原址在县城北门外，占地3000平方米，主要建筑有六角亭一座、广场，亭内立一呈六角状的石碑，下有底座，上有宝顶，造型比较独特。碑上刻130多位烈士的名录，是县城的革命烈士标志性建筑。1989年搬迁于箕城镇板坡村南堰沟，2008年继续修建，目前占地84000平方米，建有

晋冀鲁豫边区临时参议会旧址

7座牌楼、2座六角亭、青石碑12块、7块纪念碑、大型雕塑、展厅、纪念塔等，安葬烈士2000余人，建有无名烈士墓483座。2020年7月29日，榆社烈士陵园被命名为晋中市国防教育基地。战争的硝烟虽然已经散去，英雄革命的光辉事迹永不磨灭，我们要铭记先烈的牺牲，在红色记忆的感染中努力建设美好家园。

二、热门景点

晋中市热门旅游景点众多，主要有后沟古村、榆次老城、乌金山国家森林公园、乌金山狂欢谷、常家庄园、明乐庄园、祁寯藻故里、大寨景区（大寨展览馆、大寨陈永贵故居、大寨人民公社旧址）、石马寺、八路军石拐会议纪念园、懿济圣母庙、太行龙口景区、麻田八路军总部纪念馆、晋冀鲁豫边区临时参议会旧址、八路军前方总部旧址、太行新闻烈士纪念碑位、左权八路军一二九师司令部旧址、左权将军烈士陵园、南会八路军前方总部旧址、太行龙泉国家森林公园、晋中弥陀寺、晋中文峰塔、榆社化石博物馆、孔祥熙故居（孔家大院）、曹家大院、乔家大院、中国红海玻璃文化艺术园、祁县文庙、渠家大院、平遥古城［平遥城隍庙、平遥县衙博物馆、平遥镇国寺、日升昌旧址、协同庆钱庄、协同庆票号（中国钱庄博物馆）］、平遥文庙学宫博物馆、平遥双林寺、绵山、张壁古堡、红崖大峡谷、石膏山、灵石王家大院、夏门古堡、王家大院红门堡建筑群、介子推庙等。

三、非遗目录

晋中市国家级非遗项目有：和顺牛郎织女传说、左权开花调、傩舞·寿阳爱社、左权小花戏、祁太秧歌、晋中晋剧、祁县心意拳、太谷形意拳、平遥纱阁戏人、平遥推光漆器髹饰技艺、冠云平遥牛肉传统制作技艺、龟龄集传统制作技艺、平遥道虎壁王氏中医妇科、定坤丹制作技艺、太谷安宫牛黄丸制作技艺、介休寒食清明习俗、民间社火、榆次南庄无根架火。省级的非遗项目主要有：祁县八音会、左权开花调、绞活龙、背铁棍（抬阁、挠阁）、静升民间独龙杆、寿阳竹马、左权竹马、土滩秧歌、平遥弦子书、太谷饼传统制作工艺、祁县小磨香油传统制作工艺、泥塑佛像、抬阁、夫子岭弦腔、寿阳耍叉、晋绣手工技艺、贾令熏肉制作技艺、寿阳茶食技艺等。

四、传统美食

晋中市美食众多，主要有晋中油糕，榆次灌肠、鱼羊包，寿阳茶食、寿阳豆腐干，昔阳拉面、头脑扁食，左权浆水汤抿尖，太谷饼、太谷石头疤子饼、太谷熏鸽、乔家八碗八碟，平遥牛肉、平遥碗坨、平遥甜茶煮汤圆，灵石骨累，介休贯馅糖、猫耳朵、合碗子、不烂子等。

02 阳泉

藏山风景区 娘子关

小河古村·评梅景区

藏山风景区

简介 | JIANJIE

藏山风景区，位于山西省阳泉市盂县城以北约20公里处的苌池镇藏山村东。该景区是国家4A级旅游景区、国家水利风景区、山西省十佳文明景区、首批山西省非物质文化遗产保护单位、三晋历史文化第一名山。藏山景区游览面积10余平方公里，分为育孤园、春秋藏孤胜地、三教文化圣地、仙人峰自然生态区四大板块，由168个景点组成。

藏山，古名盂山。藏山之名，与春秋时期的"赵氏孤儿"有关。据传，晋国大夫赵盾为晋灵公所害，赵盾死前将遗腹孤儿托给门客程婴，程婴舍去自己的儿子，携赵盾孤儿(赵武)潜入盂山藏匿，后人就把盂山改名藏山。这一故事后来被纪君祥写成元杂剧《赵氏孤儿》（又名《冤报冤赵氏孤儿》《赵氏孤儿大报仇》），为我国古代十大悲剧之一。剧作中充满了正邪对抗、忠奸斗争，彰显着鲜明的道德意识，同时也有力歌颂了舍己救人的高贵品质。因为强大的艺术感染力，几百年来，一直以不同形式在民间流传。直到2010年，陈凯歌以此故事为蓝本拍摄成电影《赵氏孤儿》。

引文 | YINWEN

留题藏山

[明末清初]傅山

藏山藏在九原东，
神路双松谡谡风。
雾嶂几层宫霍鲜，
霜台三色绿黄红。
当年难易人徒说，
满壁丹青画不空。
忠在晋家山亦敬，
南峰一笏面楼中。

解读

首联主要写藏山所在地。九原，即春秋晋国卿大夫墓地，在山西省绛县北境，在藏山所在地盂县的西南方向，那里是赵盾葬身处，故称藏山为九原东。神路，指寺庙前的大路，朝拜者行走之路。谡谡风：谡谡，挺劲有力，常形容松树。此诗中的“谡谡风”即形容神路旁的双松，暗喻程婴、韩厥等藏孤、救孤的义士们高尚品格。颔联写景。颈联“当年难易人徒说，满壁丹青画不空”，是说当年事情的难易，人们只能凭想象空说一番，满墙画作也画不出当时之壮举。尾联“忠在晋家山亦敬，南峰一笏面楼中”二句，是说这里的山也敬重那些晋国的忠臣，南峰就像一支玉笏，天天朝着祭祀忠臣的楼阁。

题藏山

[民国]王堉昌

山势深藏曲复奇，
层峦叠转路迷离。
当年文子藏身处，
犹见英灵呵护基。

解读

王堉昌(1876—1938)，是民国盂县知事。藏孤洞位于北峰下嶂天然形成的大岩龛西侧。洞中套洞，洞底藏洞，僻静幽深，风雨不侵。公元前597年，赵氏门客程婴为延续赵氏血脉，历经艰险，携孤儿赵武在这个洞，隐居有15年之久。后人在洞口立“藏孤处”碑以示纪念。为记此事与彰示壮举，王堉昌特赋此诗。诗歌第一二句写景，写藏山山势之曲、之奇，写藏山路势之陡、之峭。三四句意为，这里曾是当年文子（赵武之谥号为文子）藏身之地，还能看到英魂在护佑着这里。

龙凤松

[清末民初]刘声骏

帝王生有龙凤姿，
山海钟为龙凤气。
何似苍髯十八公，

藏山

偕隐山间自尊贵。

■■解读■■

刘声骏(1856—1941)，字子和，盂县城内庙巷人。民国初年，任盂县女子高小校长、盂县仇阳中学国文教员、上社税务局局长。晚年纂修过盂县县志。《龙凤松》一诗是刘声骏写藏山松树之作。在藏山山谷的入口处，有两棵千年古松，两棵松树风姿有异，北松偃卧如龙，盘曲虬然，南松凌风独立似凤，袅娜多姿。故诗中称龙凤松。全诗的意思是说，龙凤松具有的高贵品格，胜过帝胄之贵。虽然龙凤松已然枯死，但是它们的精魂却长留天地人间。

盂县北有藏山云是程婴公孙杵臼藏赵孤处

[清]顾炎武

空山三尺雪，匹马向荒榛。
窈洞看冰柱，危峰迟日轮。
水边寒啄鹤，松下晚樵人。
恐有孤儿在，寻幽一问津。

■■解读■■

顾炎武(1613—1682)，本名顾绛，字宁人，人称亭林先生，南直隶昆山(今江苏昆山市)人。明末清初思想家、学者，与黄宗羲、王夫之并称为明末清初“三大儒”。顾炎武学问渊博，涉猎广泛。晚年，治经重视考证，开启清代朴学风气。著有《日知录》《天下郡国利病书》《肇域志》《音学五书》《韵补正》《金石文字记》《亭林诗文集》等。

《盂县北有藏山云是程婴公孙杵臼藏赵孤处》是顾炎武咏藏山史事之作。顾炎武诗中所咏实是藏山滴水岩。藏山祠东峰山脚，有一深十余丈的天然溶洞。洞顶清泉款款溢出，四时不绝，被誉为“晴岩滴翠”，通称为“滴水岩”。诗歌前三联皆是写景，写尽藏山滴水岩的冷峭、高峻与寒寂，最后一联则转至赵氏孤儿藏于藏山的史事。

扩展 | KUOZHAN

◆刀拨面

刀泼面被誉为阳泉十大传统名吃之一，制作方法独特。通常用一种特制大刀以立刀法甩切冷水和制的面团，将面条拨至锅中开水，以此方法拨出的面条形状为三棱形。食用时可搭配各种调料，荤素皆可，口感筋滑利口。

◆盂县卤土豆

备土豆、鸡蛋以及花椒、八角、姜、糖、盐、味精、老葱、蒜瓣、可乐、芝麻、孜然、

酱油等配料。做法为:第一,将不去皮的干净土豆直接放入锅中凉水中,再大火开煮,水沸后中火再煮十分钟,沥干水分。第二,平底锅内倒油,将沥干水分的土豆入油炸,等到土豆表皮微皱时将其捞起,沥干油分。此时,可将所有配料都放入另外一个锅里做卤水,做好后,将沥油后的土豆放入卤汁中,大火烧开后水火煮二十分钟左右直到土豆变得软烂。将煮好的鸡蛋剥皮后放入卤汁,约十分钟后取出。第三,将土豆与鸡蛋都放入干净容器中,锅中卤水中的配料捞出不用,将卤水倒到土豆容器里放置两个多小时即可。

娘子关

简介 | JIANJIE

娘子关位于阳泉市平定县城东北45公里处，地处山西、河北两省的交界，是长城上的著名关隘，人称万里长城第九关。关城位处悬崖，被桃河水环绕，山险沟深地势奇绝，自古就是兵家必争之地。据记载，隋开皇时曾在此设置苇泽县，唐朝时平阳公主曾率领女将镇守，故后世称"娘子关"。金人元好问在《游承天悬泉》诗中记载了"娘子关"之名，《大清一统志》是首次收入娘子关这一名称的官修文献。

现存的关城于明代嘉靖二十一年筑成，有东、南关门两座和长约650米的城墙。东城门又被称为外城门，由砖石建成，坚硬不可破，门洞上镌刻"直隶娘子关"五字，气势雄伟恢宏。城门上有平台，是古代检阅士兵之地，现在修筑起城楼，颇具历史沧桑之感。娘子关外是燕赵古道，曲折蜿蜒，为中国古代驿传建筑的代表。南城门又被称为内城门，与东城门结构相似，复檐有一牌匾，字为“天下第九关”，门洞上方额书“京畿藩屏”四个大字，尽显雄伟气魄。关城内还有关帝庙、真武阁等景点，街道仍然保留了古代风貌，民宅极具历史气息，居民多为“军户”后代。娘子关东门里有处砖砌石台，传说为平阳公主的点将台。历史记载平阳公主巾帼不让须眉，是历史上少有的女中豪杰，在担任将领期间十分英勇，英名响彻娘子关。后代为模拟古战场故事，每年正月十六都要起灶火表演，欢度新春佳节。

娘子关旅游景区规划面积45平方千米，核心面积15平方千米，地势险要，集自然风景和历史名胜于一体，先后被评为中国历史文化名镇、全国特色景观旅游名镇、全国重点镇和国家园林城镇，是国家4A级景区。

引文 | YINWEN

奉使镇州行次承天行营奉酬裴司空

[唐]韩愈

窜逐三年海上归，
逢公复此著征衣。
旋吟佳句还鞭马，
恨不身先去鸟飞。

镇州路上谨酬裴司空相公重见寄

[唐]韩愈

衔命山东抚乱师，
日驰三百自嫌迟。
风霜满面无人识，
何处如今更有诗。

解读

韩愈（768—824），字退之，河南河阳（今河南省孟州市）人。唐代著名文学家、思想家、哲学家、政治家、教育家。韩愈是唐代古文运动的倡导者，被后人尊为“唐宋八大家”之首，与柳宗元并称“韩柳”，有“文章巨公”和“百代文宗”之名。后人将其与柳宗元、欧阳修和苏轼合称“千古文章四大家”。有《韩昌黎集》传世。

《奉使镇州行次承天行营奉酬裴司空》《镇州路上谨酬裴司空相公重见寄》是韩愈经承天行营赴镇州宣抚期间所作。承天，即唐乾元初置承天军，治所在太原府东面边境，即今山西平定县东北娘子关。长庆元年七月，镇州衙将王庭凑反，杀节度使田弘正，自称留后。八月，朝廷以河东节度使裴度为幽、镇两道招抚使，十月，又命为镇州四面行营都招讨使，裴度因自将兵出承天军故关(娘子关)以讨王庭凑。所谓承天行营，即指裴度屯兵处。长庆二年二月，穆宗赦王庭凑罪，派韩愈赴镇州宣慰，诗即赴镇

州途中作。韩愈在承天行营，见到了讨伐叛军的老友裴司空，即裴度，二人相见，颇多感慨，佐酒纵谈，共商宣慰之事。第二天，韩愈冒着风险赶赴镇州宣抚成德军兵变将士，他不费一兵一卒即平息了镇州之乱，史称"勇夺三军帅"。韩愈经承天行营赴镇州宣抚期间，便写下了《奉使镇州行次承天行营奉酬裴司空》《镇州路上谨酬裴司空相公重见寄》两首七言绝句，诗中所写皆由奉命宣慰而起之情。

游承天悬泉（节选）

[金]元好问

并州之山水所洑，
骇浪几轰山石裂。
只知晋阳城西天下稀，
娘子关头更奇劂。

解读

元好问(1190—1257)，字裕之，号遗山，世称遗山先生 。太原秀容(今山西忻州)人。金朝末年至大蒙古国时期文学家、历史学家。元好问是宋金对峙时期北方文学的主要代表、文坛盟主，又是金元之际在文学上承前启后的桥梁，被尊为“北方文雄”“一代文宗”。他擅作诗、文、词、曲。其中以诗作成就最高。有《元遗山先生全集》《中州集》等作品传世 。

《游承天悬泉》是元好问游赏承天悬泉时所作，其中，娘子关之名，最早即见于此诗，诗中有“娘子关头更奇崛”之句。乾隆二十九年（1764）编修的《大清一统志》是首次收入娘子关这一名称的官修文献。

扩展 | KUOZHAN

◆娘子关典故与传说

“妒女焚火”的典故：明代顾祖禹在《读史方舆纪要》中说，凡“妇人服靓妆”经过妒女祠时，“必兴雷电”，大发嫉妒，故为妒女，娘子关因此得名。《元和郡县志》则说，在娘子关的原东口村有妒女祠,相传为介子推之妹而立,又称娘子庙，娘子关因此而得名。

“平阳公主”的传说：唐太宗李世民的妹妹平阳公主曾率娘子军在此镇守，并创建关城，故将此关称作娘子关。

◆娘子关红色文化

娘子关境内群峰耸立，是太行山上著名的军事要塞，历史上被称为“先秦九塞”“太行八陉”之一，两千多年来战事频发，是兵家必争之地。在近现代史上，娘子关是百团大战第一阶段主战场，八路军晋察冀部队与日军在此展开过激烈战斗，涌现出了磨河滩英雄连等战争英模。

◆娘子关民俗文化

娘子关民俗文化主要有社火、社戏、跑马、放河灯等。其中，跑马是源于古代军事信使传递公文，下董寨村正月十六的跑马，已被列为山西省非物质文化遗产。放河灯，在每年的农历六月初六，目的是祈求平安和风调雨顺。

小河古村·评梅景区

简介 | JIANJIE

小河古村·评梅景区位于山西省阳泉市郊区的义井镇，是阳泉市首家中国历史文化名村、中国传统村落，因民国才女石评梅而得名，是国家3A级景区。

小河古村·评梅景区自然风光秀丽，背山靠水，负阴抱阳，有着古朴原始之美。村落建筑大多顺应山势，散布在山凹之中，与自然景观相得益彰。宅院同样依山而建，石家大院、李家大院、石家老院等呈阶梯分布，攀登几十级台阶才能到达正房。小河古村房屋建筑鳞次栉比，除老院外，还遗留着关帝庙、观音庵、石家祠堂、李家祠堂、窦家祠堂等建筑遗产，存留着古井、古磨等文物古迹。这些历史遗存承载了大量的文化信息，见证了当时村落的繁盛，有着极高的艺术价值和历史价值。

小河古村历史悠久，名人辈出，石评梅便是其中的一位。石评梅于1919年考入北京女子高等师范学校，积极参加社会进步活动，并致力于文学创作。她才华横溢、勇敢坚毅，与我党早期的政治活动家高君宇相爱，谱写了一曲动人的爱情赞歌。石评梅的革命精神、不屈精神感染了当时的进步青年，也对当代人起着激励作用。在孕育石评梅的小河古村，可以欣赏自然景观，在青山怀抱中感受古村落的平和沉静；可以欣赏历史人文景观，在老巷中遍观房屋建筑、寺庙祠堂等。小河古村宗教文化氛围浓厚，仍然保持着传统的宗教信仰和供奉仪式，如供奉土地神保佑丰收、屋脊放置石狮镇宅驱邪等，使得该地的民俗文化资源非常丰富。

引文 | YINWEN

母亲（节选）

石评梅

母亲！这是我离开你，第五次度中秋，在这异乡——在这愁人的异乡。

我不忍告诉你，我凄酸独立在枯池旁的心境，我更不忍问你团圆宴上偷咽清泪的情况。

我深深地知道：系念着漂泊天涯的我，只有母亲；然而同时感到凄楚黯然，对月挥泪，梦魂犹唤母亲的，也只有你的女儿！

节前许久未接到你的信，我知道你并未

忘记中秋；你不写的缘故，我知道了，只为了规避你心幕底的悲哀。月儿的清光，揭露了的，是我们枕上的泪痕；她不能揭露的，确是我们一丝一缕的离恨！

我本不应将这凄楚的秋心寄给母亲，重伤母亲的心；但是与其这颗心，悬在秋风吹黄的柳梢，沉在败荷残茎的湖心，最好还是寄给母亲。假使我不愿留这墨痕，在归梦的枕上，我将轻轻地读给母亲。假使我怕别人听到，我将折柳枝，蘸湖水，写给月儿，请月儿在母亲的眼里映出这一片秋心。

挹清嫂很早告诉我，她说："妈妈这些时为了你不在家怕谈中秋，然而你的顽皮小侄女昆林，偏是天天牵着妈妈的衣角，盼到中秋。我正在愁着，当家宴团圆时，我如何安慰妈妈？更怎能安慰千里外凝眸故乡的妹妹？我望着月儿一度一度圆，然而我们的家宴从未曾一次团圆。"

自从读了这封信，我心里就隐隐地种下恐怖，我怕到月圆，和母亲一样了。但是她已慢慢地来临，纵然我不愿撕月份牌，然而月儿已一天一天圆了！

十四的下午，我拿着一个月的薪水，由会计室出来，走到我办公处时，我的泪已滴在那一卷钞票上。母亲！不是为了我整天的工作，工资微少，不是为了债主多，我的钱对付不了，不是为了发的迟，不能买点异乡月饼，献给母亲尝尝，博你一声微笑。只因：为了这一卷钞票我才流落在北京，不能在故乡，在母亲的膝下，大嚼母亲赐给的果品。然而，我不是为了钱离开母亲，我更不是为了钱弃故乡。

你不是曾这样说吗，母亲："你是我的女儿，同时你也是上帝的女儿，为了上帝你应该去爱别人，去帮助别人。去吧！潜心探求你所不知道的，勤恳工作你所能尽力的。去吧！离开我，然而你却在上帝的怀里。"

因之，我离开你漂泊到这里。我整天的工作，当夜晚休息时，揭开帐门，看见你慈爱的像片时，我跪在地下，低低告诉你："妈妈！我一天又完了。然而我只有忏悔和惭愧！我莫有捡得什么，同时我也未曾给人什么！"

有时我胜利的微笑，有时我痛恨的大哭，但是我仍这样工作，这样每天告诉你。

这卷钞票我如今非常爱惜，她曾滴满了我思亲泪！但是我想到母亲的叮咛时，我很不安，我无颜望着这重大的报酬。

因此，我更想着母亲——我更对不起遥远的山城里，常默祝我尽职的母亲！

十五那天早晨很早就醒了，然而我总不愿起来；母亲，你能猜到我为了什么吗？

林家弟妹，都在院里唱月儿圆，在他们欢呼高吭的歌声里，激荡起我潜伏已久的心波，揭现了心幕底沉默的悲哀。我悄悄地咽着泪，揭开帐门走下床来；打开我的头发，我一丝一丝理着，像整理烦乱一团的心丝。母亲！我故意慢慢地迟延，两点钟过去了，我成功了的是很松乱的髻。

小弟弟走进来，给我看他的新衣裳，女仆走进来望着我拜节，我都付之一笑。这笑里映出我小时候的情形，映出我们家里今天的情形；母亲！你们春风沉醉的团圆宴上，怎堪想想寄人篱下的游子！

我想写信，不能执笔；我想看书，不辨字迹；我想织手工，我想抄心经；但是都不能。

我后来想拿下墙上的洞箫，把我这不宁的心绪吹出；不过既非深宵，又非月夜，哪是吹箫的时节！后来我想最好是翻书箱，一件一件拿出，一本一本放回，这样挨过了半天，到了吃午餐时候。

不晓得怎样，在这里住了一年的旅客，今天特别局促起来，举箸时，我的心颤跳得更厉害；不知是否，母亲你正在念着我？一杯红艳艳的葡萄酒，放在我面前，我不能饮下去，我想家里的团圆宴上少了我，这里的团圆宴上却多了我。虽然人生旅途，到处是家，不过为了你，我才绻恋着故乡；母怀是我永久倚凭的柱梁，也是我破碎灵魂，最终归宿的坟墓。

母亲！你原谅我吧！当我情感流露时，允许我说几句我心里要说的话，你不要迷信不吉祥而阻止，或者责怪我。

我吃饭时候，眼角边看见炉香绕成个A字，我忽然想到你跪在观音面前烧香的样子，你唯一祷告的一定是我在外边"身体康健，一切平安"！母亲！我已看见你龙钟的身体，慈笑的面孔；这时候我连饭带泪一块儿咽下去。干咳了一声，他们都用怜悯的目光望我，我不由地低下头，觉着脸有点烧了。

母亲！这是我很少见的羞涩。

……

■■解读■■

《母亲》一文为节选，是石评梅思念母亲之作，文中充满了浓浓的抒情意味，表达了对母亲深深的想念之情。

扩展 | KUOZHAN

◆"民国四大才女"之一石评梅

石评梅，1902年出生于山西省平定县，1928年因病去世，去世时年仅26周岁。中国近现代女作家、革命活动家，与吕碧城、萧红、张爱玲并称"民国四大才女"。原名汝璧，因爱慕梅花之俏丽坚贞，自取笔名石评梅。曾用笔名评梅女士、波微、漱雪、冰华、心珠、梦黛、林娜等。

石评梅一生虽短，却创作了大量诗歌、散文、游记、小说，尤以诗歌见长，被誉为"北京著名女诗人"。纵观其诗歌，能分明看到这位薄命的女作家在新旧文化的冲突中，以敏感的心、细腻的笔记录了大时代变迁之下女性独特的精神世界与情感世界。小说创作以《红鬃马》《匹马嘶风录》为代表。石评梅去世后，庐隐、陆晶清等将其作品编成《涛语》《偶然草》两个集子。

庐隐曾评价她说：石评梅注定了她是悲剧中的主角。

03 晋中

后沟古村 榆次老城 常家庄园
祁寯藻故居 大寨景区 石马寺
孔祥熙故居 曹家大院 乔家大院
渠家大院 平遥古城 绵山
张壁古堡 红崖大峡谷 石膏山
王家大院

后沟古村

简介 | JIANJIE

山西省晋中市后沟古村位于晋中市榆次区东赵乡，与阳泉市寿阳县交界，为国家4A级旅游景区。该地总面积1.33平方千米，现有居民75户，251人。后沟古村最高海拔974米，最低海拔907米，相对高差近70米，沟、坡、垣、滩纵横交错，地形地貌尤为奇特。后沟古村有谚云："四十里龙门河正当中，二龙戏珠后沟村"，关于该地的历史记载有两处：第一处是考古发现的唐代墓志铭，可推算后沟古村起源约为公元819年；第二

处是明朝天启年间（1626）的古碑，上面记载后沟古村“年代替远，不知深浅”。由于历史悠久，后沟古村形成了完善的神庙系统，关帝庙、文昌阁、真武庙、三官庙、魁星楼、观音堂、菩萨殿、山神庙、河神庙、五道庙等18座神庙和1座祠堂坐落在后沟古村的各处，这些神庙祠堂按照方位排列，体现了佛教文化、道教文化和儒教文化的交融。

后沟古村保留了古老农耕文明的风貌，散发着浓郁的黄土气息，有着质朴的民俗民风。当地民居建筑为典型的黄土高原土穴窑居，按照材料可以划分为土窑、石窑、砖窑，特点是依崖就势，层窑叠院，参差别致。这些窑洞因地制宜，冬暖夏凉，极具区域民俗特色。参差错落的黄土窑洞成为后沟古村的独特风景，古建筑中的精美砖雕、木雕等平添了后沟古村的自然魅力。

后沟古村地下排水系统可以媲美当前国家一流水平的水利工程，排水管道贯通南北连接东西，勾连起村内的各家各户，形成了两个排水体系，流经东南西南的两个排水口最终归于一处。后沟古村排水系统绝无仅有、宗庙祠堂庄重威严、古老戏台精雕细琢、区域特产多种多样、特色饮食别具一格，使该地成为北方农耕文明的缩影，成为北方民俗文化的活化石，堪称“农耕桃源”。

引文 | YINWEN

后沟古村的历史沿革及旅游文化遗产分析

罗剑

一、后沟古村的历史沿革

后沟古村建村年代久远，曾经有古建专家通过对后沟古村观音堂内古柏树身打眼儿，判断后沟村有近700年的历史；中国文联副主席、中国民间协会主席冯骥才判断该村观音堂南殿大梁彩绘龙纹的画风似为金元时期作品。明代天启六年（1626）古村修建观音堂的碑文记载，后沟古村“年代替远，不知深浅”，所有这些都使后沟村的历史起源蒙上了一层神秘的面纱。

2003年12月文物大普查中，在后沟古村发现了一块唐代墓志铭，其中记载张氏祖先张春晖在唐朝元和十四年（819），由山东清河迁来，避地于兹。以此推断后沟古村历史距今至少有 1200 年余年。

二、旅游文化遗产调查分析

（一）地域文化遗产特色

关于后沟古村在选址及村落布局等方面，从传统的“风水学”和宗教观念出发，不论在村落选址、布局还是建筑形态等多方面都体现了人居环境与自然环境协调，体现了传统“天人合一”的哲学思想。选址方面，后沟古村背依太行山支脉要罗山。要罗山连绵起伏，蜿蜒雄壮，气象万千。龙门河发源于要罗山腹地，并依山阳之势在后沟村立村处形成四灵之地，形成古代中国传统风水学中“玄武垂头，朱雀翔舞，青龙蜿蜒，白虎驯俯”的地势特点。后沟古村的村落布局方面，村东黄土梁称为黑龙，村西黄土梁称为黄龙，整体上就形成了“二龙戏珠”的仿生学意境；“四十里龙门河正当中，二龙戏珠后沟村”，村中民谚精练概括了后沟古村选址的风水特点。村内目前还有大量保存完好的神庙建筑和窑洞建筑，具体涵盖了元、明、清三代的建筑风格，其中较为经典的古建筑如关帝庙、古戏台、张氏祠堂等依旧完好，整体上保留了历史的原型，至今仍然发挥着重要的功能。

（二）民间美术特色

2002年11月，以冯骥才先生为代表的专

春满中华

家学者在后沟村开展了中国民间文化遗产抢救工程的实地采样考察，后沟村的历史文化价值和独有特色相继受到社会各界重视。这其中，后沟村独有的民间美术成为重要的文化遗产特色。

纵观后沟古村全貌，处处体现了人文景观和自然景观相互融合的特点。村内各处明、清特色风格的民居建筑和神庙等建筑群自然环境优美，功能布局合理，并随地势高低而呈现起伏跌宕和高低错落之势，其古朴的建筑造型完美地与周围自然环境和谐相融，创造出一个既合乎科学又富有情趣的生活居住环境，整个村落在建筑风格上给人一种清静、厚重的艺术效果。后沟古村这些独具特色的古建筑群最让人称道的就是保存了真实、完整的历史遗存，同时还附带了大量的历史文化信息，充分反映和表现了地方文化艺术在村落规划、建筑学、景观设计等方面的杰出成就。后沟古村已经成为中国古代黄土旱塬农耕文明在住宅和人居环境建设方面的成功范例，引起历史学家、建筑学家浓厚的兴趣。

（三）民间建筑特色

从民间建筑的角度来看，后沟村民间建筑的主要风格特点可用"古朴、自然、成熟"来概括。后沟村主要民居特色是窑洞式民居，几乎每个院落中都有，并按建筑材料可划分为土窑、石窑和砖窑，以土穴式窑洞为主。窑洞主要类型包括窑中窑、窑上窑、窑套窑等样式，建筑年代多为清、民国年间；从

数量上看包括四合院三进院 32 处和七八处靠崖窑洞为主的院落；按建筑形式分明券窑、土挖窑、独体窑、里外窑、山窑等，后沟村的窑洞堪称北方窑洞大全。

在建筑的选址方面，后沟村民居充分体现了自然的特点，所有建筑都是因地制宜建造，尤其在建筑的取向和高低等方面都顺应地形地势。后沟村民居的成熟不只是建筑样式的成熟，而且在建筑布局、建筑改造和建筑内部设置等方面都独具匠心。后沟村院落基本都是四合院，营造安详、幽雅的生活环境，院落门前一般都有抱鼓石、门枕石等。为了整洁美观和实用，还采取多种形式对土窑洞实施改造，并创造了上下窑、窑中窑等形式。在居室内炕的设置上，有窑掌炕、窗前炕和一边挎多种形式，另外灶包括有独体和连体两种，都能够形成合理利用资源和自然的效果。

解读

本文节选自《文化产业》2020年第36期。作者罗剑，为太原旅游职业学院的老师。节选部分主要论述了后沟古村的历史沿革与旅游文化遗产调查分析（包括地域文化遗产特色、民间美术特色、民间建筑特色三部分）。

扩展 | KUOZHAN

◆榆次灌肠

榆次灌肠是榆次“三宝”（灌肠、元宵、豆腐脑）之一，分为红、白两种。白灌肠以白荞面制成，入口爽利而筋，味烈，素淡开胃。红灌肠以荞面和猪血为主，选用荞面必须白而精细，选用猪血必须是“中间血”，鲜而不腐。红灌肠吃起来鲜香可口，软中有韧而富有弹性。灌肠冷食时辅以佐料，以盐、蒜、醋、辣酱为主，再滴几滴香油，食之凉爽、利口、香辣适中。热食应切块，以猪油烹炒，佐以蒜、醋，食之清香可口。

榆次老城

简介 | JIANJIE

榆次老城位于山西省晋中市榆次区，是隋朝古城旧址修建而来的，距今已有1400年的历史，是国家4A级旅游景区。榆次老城占地100万平方米，气势宏大、构造精巧，几大景点各具特色，赋予老城新的生机与灵气。

榆次县衙素有“三晋第一衙”之称，是全国现存规模最大的县级府衙。县衙坐北朝南，前立草白玉石质牌坊，阳面正中印刻“民具而瞻”四字，两侧题字“正风”“敦仁”“崇礼”“尚俭”，体现了封建礼制思想。榆次城隍庙始建于元代，占地6000平方米，是国内现存最古老、保存最完好的城隍庙之一，被世界历史文化遗产保护基金会誉为全球最精美的古建筑之一。明清街是榆次老城重要的商贸地点，店铺鳞次栉比，商品多种多样。“前店后坊，前铺后户”的格局复原了当年商号，见证了榆次老城风云沧桑的历史。城中建有庙前、衙前、清虚阁三座广场和东花园、西花园、畅春园三座公园，广场与公园成为居民休憩娱乐的重要场所，也成为民间文化艺术展示的主要场所。很多民间博物馆建造于此，收集了近万件名贵藏品，包括瓷器、字画、茶具、根雕等，展现了中国民间文化艺术的风貌。城中的文庙、凤鸣书院、西花园等处也极具历史感，能够看

到很多具有当地民俗特色的各类表演，如民间社火表演、县太爷升堂、霸王鞭、锣鼓歌舞等。

老城古韵悠悠，成为很多剧组的取景地。《乔家大院》《走西口》《晋商》《白银谷》等知名电视剧都曾来此地取景。古城南街设有拍照地点，提供古装、军装等服饰；古城北街有传统小吃，市场繁荣商店林立。行走在榆次老城中，如同浏览中国封建社会的典型样本，又像穿过历史长廊，欣赏今人开创的崭新生活画卷。

引文 | YINWEN

榆次老城　映现晋商风韵

苗伟艳

榆次是山西古老的城市之一，是太原的南大门，素有“并南重镇”之称，早在战国时期就有史书记载。隋开皇二年，在汉城旧址上修筑起榆次老城。清同治时期在《榆次县治》中记载着其名称，“榆次禹贡冀州之域，上古帝榆罔凭太行以居冀州，榆罔之后，国为榆州，即今榆社等处，榆次与榆社地相次接属故名。”可见榆次的历史之久远，文化之深厚。

20世纪50年代，在城市化建设中，榆次老城逐渐消失。直到21世纪初，老城开始修复。完工后的榆次老城，变得古朴厚重，让人们仿佛看到了曾经的盛世繁华。走在老城的街道上，可以看到城隍庙、凤鸣书院、清虚阁、大乘寺、褚跌书院、桑芸故居等众多历史古迹和人文景观。

山西省最古老、保存最完好的城隍庙就在榆次，它是中国宗教文化中普遍崇祀的重要神祇之一，是中国民间和道教所信奉的守护城池之神。在城隍庙前，有两尊貔貅威风凛凛地横卧在广场。据说，貔貅是一种发财的瑞兽。城隍庙前的貔貅在阳光下昂首挺胸，像一对忠诚的卫士，日夜镇守在古城。

凤鸣书院作为清代榆次的县学，是榆次的最高学府。院名来源于西晋荀巍，荀巍在任榆次知县时政绩卓越，有凤集榆次之说。凤鸣书院园林式的布局带给莘莘学子典雅的学习氛围。园林中间有一座砚水湖，湖边有石景水瀑花木，营造出清静而优雅的环境，正是读书明心的好地方，也许曾有三两学子在这里探讨文学，于谈笑间便落笔成文。此外，褚跌书院等地也都见证着学子们日夜苦读的身影，深厚的文学积淀让这座老城更加优雅。

这些建筑历经岁月的沧桑和风雨的洗礼，才有了如今的岁月静好。榆次正在向世人展示其历史的积淀之美，这座老城背后蕴含的传统文化底蕴也为后世带来了宝贵的精神财富。

在浩瀚的历史长河中，这座千年老城记载着无数个民族英雄守乡卫土的豪杰壮举，也演绎出了许多民间传说和历史故事。

在榆次老城瓮城的西南角有一座亭阁，名为榆石亭，记载了2500多年前关于“美丽的石头会说话”的传说。《左传》中记载，晋平公二十四年的春天，有传言这块石头说了话，晋平公听说后，便向当时的乐师师旷询问。师旷告诉他，石头是不可能会说话的，可能是传闻有误，或者有某种心声想通过石头传达出来，以此来劝诫晋平公要仁政爱民，过分压榨百姓只会让他们敢怒不敢言。

后世也有多位文人谈到这件事，为官者也多以此来警醒自己要仁爱理政，造福一方百姓。位于县衙东南角的思凤楼，建在1米多高的方形台明上，台明四周设围栏，南北两侧为石踏步。

思凤楼讲述了1700多年前吉祥的凤凰来集会的故事，即“有凤集于榆次”。民国《榆次县志》记载：“咸宁二年（276）六月，凤集其境。”成群的大鸟在榆次聚集翱翔，百姓传言，这种大鸟就是凤凰，是荀公政风清廉，为老百姓带来了吉兆。晋武帝司马炎听说后下诏褒赞他，“就之如日月，敬之如神明，爱之如父母，乐之如时雨。”荀巍作为优秀父母官，深受百姓爱戴，其奉公为民的形象印刻在历任榆次地方官吏的心中。

七百多年以后，在宋朝天圣年间，考中进士的文彦博出任榆次知县。来到榆次的文彦博励精图治，广施仁政。从政之余，文彦博十分敬仰七百年前的地方父母官荀巍，故修筑思凤楼作为纪念，把思凤楼作为自己效法荀巍政绩的座右铭。后人为思凤楼撰联：民思善政，凤栖梧桐，两朝百代一杆秤；官重廉明，龙卧青云，一楼千古两贤吏。勤政为民、廉洁奉公的为官之道，为榆次老城带来了深厚的儒学底蕴。一座城，因为有了文化的支撑才能长久；一群人，因为有了共同的信念才能源远

流长。榆次的老百姓身上也有着坚韧、诚信、永不放弃的精神。这也正是山西商人能够走出山西，成为一代商帮的重要原因。

位于晋中的榆次老城，在岁月中沉默着、守候着，如同一位饱经风霜的睿智老人。它厚重的历史，虽然无法与人言说，但其中留下的诸多古建筑无不体现着浓厚的晋商文化。许多人慕名而来，漫步在榆次老城，街道两边是古色古香的建筑，气势恢宏，造型优美。这些建筑以汉族古建艺术为载体，使游客能够感受到悠久的历史，体会晋商的辉煌与繁华。

走在以南北大街为中心的商业街上，会看到许多鳞次栉比的商铺，顺着拥挤的人流前行，整条街都散发着浓厚的商业文化气息。清中后期的榆次老城，位于南北大街的分界处，这里市场繁华，商业鼎盛，有着金融发达的标志性建筑。“天下第一楼”的匾额有力地彰显出晋商第一街历经的百年辉煌。老城街上那些厚重的条石，如同山西商人厚重朴实的性格，给人沉稳的感觉。

南北大街上众多的老字号商铺，还遗留着明清建筑的古典风格，中西合璧，至今仍人流如织，熙熙攘攘。这些老字号不仅保留了榆次曾经辉煌的商业历史，也让人们看到了榆次商贸长盛不衰的繁华。街道两旁的店铺高雅气派，至今仍可以看出晋商成功的经营之道和骄人的业绩。

解读

本文为节选，出自《文化产业》2021年第15期。作者苗伟艳，为《文化产业》的记者。节选部分主要讲了榆次老城中的城隍庙、凤鸣书院、榆石亭、思凤楼等几个主要景点，以及一些民间传说和历史故事。

扩展 | KUOZHAN

◆“鱼羊包”故事

“鱼羊包”是榆次的一道特色美食，是晋中市市级非物质文化遗产。其始于1866年，是寿阳名厨王大财所制。王大财曾跟随祁寯藻行走大江南北，见识过不同地区的多种菜品。在学习各种菜品的基础上，开始转向对养生食品的研究与制作。有一年，祁寯藻的母亲身体状况不佳，服用了不少滋补类的药品，可是仍不见起色，还多有厌食。王大财素来知晓祁母饮食偏好包子和饺子，就以鱼肉与羊肉制成鱼羊包、鱼羊饺，没想到，一段时间后，祁母身体有所好转并得以恢复。鱼羊包、鱼羊饺的养生功效可窥一斑。

常家庄园

简介 | JIANJIE

常家庄园位于榆次西南东阳镇车辋村，为明清晋商巨贾常氏家族府邸，是国家4A级旅游景区。常家庄园始建于乾嘉年间，占地60万平方米，后来被战争毁坏多处，仅开放半条街，主要建筑和景观为"一山一阁、两轩、四园、五院、六水、九堂、八帖、十三亭、二十五廊、二十七宅院"。每所方正院落的里院正中都建有木质结构的牌楼，牌楼两侧设有花墙，花墙以砖雕工艺装饰，将正院分割开来，形成里五外五、里五外四、里五外三等多种格局。院落之中建有菜园、花园等，甬道贯通将小门与正院连通起来，回廊亭榭遍布周围，别有一番古韵意趣。院落内木质构件大多应用彩绘工艺，木雕石雕异彩纷呈，精雕细琢尽显特色。

常氏家族在明末清初兴起，伴随商业版图不断扩展，宅地建筑也进入鼎盛期。常家庄园有西街和后街，并称为常家两街：西街由九世常万玘从南到北建成，后街由常万达在村北购置土地建成。经过时代的发展更迭，常家两街不断完善，大院百处房屋千间，五十幢楼房立于其中。院内亭台楼阁美轮美奂，雕梁画栋气势恢宏。七处园林汇集了各地的名花名草，高阁低亭提供了休憩之所，在曲廊赏花，在溪旁观景，能够与自然共乐，进入"可燕居、可耕读、可修身、可遐想、可观赏、可浏览、可悦心、可咏叹"的理想精神境界。受战争影响，常家庄园难以恢复原貌，现修复区域只占原规模的1/4，但宅地仍然风光无限，园林依然风采照人。

引文 | YINWEN

窗棂设计折射出的文化底蕴（节选）

潘丽娜

我国早期木结构建筑普遍采用直棂窗，其变化是窗棂的用材逐步由粗变细，窗棂的加工逐步由古朴变为精细。到了明清时期，窗棂的设计产生了巨大的变化。

我国现存13世纪以前的古代木结构建筑共有156座，其中106座在山西。这些古建筑以佛教寺院居多，有一部分是道教庙观和儒家殿堂，但是没有民居。而明清建筑中除大量寺庙建筑之外，还包括许多民居建筑。这些民居建筑的窗棂设计构思巧妙，蕴含了房屋主人对美好生活的祈盼和追求，显示了建设者娴熟的技艺和一丝不苟的工匠精神。

山西的晋商大院可以说是我国明清民居建筑的代表，而位于晋中市榆次区车辋村的常家庄园，就是晋商大院中规模最大的一家。常家庄园已经修复供游客参观的部分包括20多个院落、50多座楼房、4000多间房屋。这么多房间的窗棂，几乎找不到一模一样的。窗棂的尺寸、样式、题材丰富多彩，传递着独特的审美情趣和深厚的文化内涵。如果我们一个一个房间看窗棂，感觉就像到了一个中国古建筑窗棂博物馆。

常家庄园窗户的形状，有正方形、扁长方形、竖长方形和半圆形等多种；开启关闭的方式，有双扇窗、拉窗、支摘窗等；窗棂的图案，包括几何、文字、动物等几大类，有正方格、菱形格、斜方格、亚字形、六角形、云纹形、井字形、工字形、回纹形、卧蚕形、如意式、花结式、盘长式、双交六椀式、冰裂纹式、风车式、灯笼锦、步步锦等。为了进一步表现出吉祥的寓意，有些窗棂还嵌入了蝙蝠、葡萄、石榴、仙鹤、梅花鹿等造型。因为常家世代儒商，他们还把梅兰竹菊、笔墨纸砚等象征着文人雅士的造型镶嵌在窗棂中，或以浮雕的形式镌刻在窗扇上。

常家庄园的窗棂使用的木材较细，要在上面精工雕刻，就必须选用木质坚硬细腻的木材。为了就地取材，大多选用本地产的核桃木、枣木、梨木等。常家的生意遍布闽、

浙、湖、广，大江南北，财力雄厚，也有条件采用金丝楠木、酸枝木、花梨木、黄杨木等贵重木材。

常家庄园的窗棂设计也体现了儒家的道德规范，表现出儒家敬宗法祖、尊卑有序的传统思想体系。每一个院落正房，大抵是二层，比厢房高大，其窗户也比较大，窗棂采用的木材更名贵，镌刻的图案也更精美，只因正房是辈分高、权力重的一家之主的居所。至于后生晚辈或者账房管家居住的房间，窗棂也就适当简陋一些了。

窗棂设计的变化是中国古代建筑发展变化的一个缩影。从唐代建筑窗棂设计的古朴敦厚，到清代民居建筑窗棂的精雕细刻、美轮美奂，我们不难看出：一千多年来，人们的审美情趣、设计师的美学思想、工匠的工艺水平都发生了巨大变化。从这些变化中，我们可以看到中华文化和科学技术的发展与进步。

解读

本文为节选，出自《山西日报》2017 年12月26 日第 10 版。作者潘丽娜，为山西经济管理干部学院的老师。本文主要讲述了常家庄园中丰富多彩的窗棂所传递出的独特的审美情趣和深厚的文化内涵。

扩展 | KUOZHAN

◆教育家常麟书

常麟书，为常家庄园第十四世代表人物，字绂章，号味经或约斋，榆次车辋村人。清末民初享有盛名的教育家和史学家。

常麟书少有慧智，少时即读完《十三经》。从18岁开始参加县、府、院文童考试，十四场就有十三场成绩优异，被取为县学生员。清光绪十七年（1891）乡试中举，次年赴京会试虽未成功，却受到国子监祭酒翁同龢赏识，进入国子监学习。光绪二十八年（1902），任山西大学堂中斋教习。光绪二十九年（1903），他会试中进士，但却心系教育，毅然辞去官职回家办学。 他将常家17所私塾合并，成立了新式小学堂，取名“笃初小学堂”，后来该校还增设了女部。光绪三十一年（1905），常麟书又将榆次凤鸣书院改为凤鸣学堂，出任堂长。光绪三十二年（1906），他又在笃初学堂增设中学部，成为省内第一所私立复合中学。光绪三十三年（1907），在凤鸣学堂附设师范班，为全县小学堂的普及培养了第一批师资力量。在此过程中，常麟书还自编教材，如《外史歌略》《国文教授辑存》等，这些教材受到当代学者的肯定。

常麟书终身致力于家乡的教育事业，其所兴办的新式学堂为山西培养了一大批人才，有力地促进了近代知识分子的成长，影响深远。

常氏宗祠

祁寯藻故居

简介 | JIANJIE

祁寯藻故里景区位于山西省晋中市寿阳县，地处省级历史文化名村平舒村和国家级传统村落龙门河村之间，与国家级森林公园——神蝠方山、寿阳新兴旅游度假地——龙栖湖度假村相距较近，紧邻国道交通便利，是国家3A级景区，也是市级廉政文化教育基地、市级青少年爱国主义教育基地、市级诗词研习基地以及晋中市首批中小学生研学实践教育基地。

祁寯藻是山西寿阳县平舒村人，户部郎中祁韵士之子。嘉庆年间中进士，历官至军机大臣，左都御史，兵、户、工、礼诸部尚书，体仁阁大学士，太子太保等，世称“三代帝师”“四朝文臣”“寿阳相国”，得到了帝王的亲信和百姓的爱戴。祁寯藻笔力遒劲，书法作品可奉为经典，有“一时之最，人共宝之”“楷书称首”的赞誉。

祁寯藻故里景区以展示“中华第一书香门第”为理念，设有不同园区，介绍了祁寯藻的求学之路、仕途经历、农学成就、文化造诣等，满足了游客的观光游览、休闲娱乐需求，融合了传统韵致与时代精神，展现了祁氏文化的无限魅力，是探寻儒家精髓的理想之地。无论是向往自然风景还是爱好传统文化，都可以在此处找到属于自己的一方天地。

沿着景区园林路向北行进，可以观赏多个景点：坐在曼秋亭俯瞰，所有风光尽收眼底；来到一汪砚池观赏风景，如画美景愉悦身心。随着共享单车项目在景区内全面落地运营，游客可以通过扫码实现全景区骑行，细细体味祁寯藻一生的传奇经历。

引文 | YINWEN

边城秋雨骤寒，与客食豆脑，感而作诗

［清］祁寯藻

古人重豆羹，后世传菽乳。
遗术始淮南，嘉名列食谱。
百谷取其精，独此利用腐。
吾乡制更奇，以酒为之辅。
酒烈和以饴，其味杂甘苦。
滴酥浓不如，截玉碎可数。
名与燕市同，实则不相祖。
楚塞秋风深，连日苦蛮雨。
官酒岂能醉，客衣哪堪补。
咄嗟办此味，满坐相夸诩。
一碗酡颜頩，两碗暖肺腑。
三碗吃不得，怅然念乡土。
往时榆关下，连村响社鼓。
盘飧会比邻，泥饮遭田父。
七年马头月，梦落湘江浦。
岂无莼豉味，奈此藜苋肚。
缩额饱粱肉，抗颜称官府。
回思菜根咬，甘与众草伍。
饘粥有鼎铭，敢忘一命偻。

解读

这首诗写秋天的一日。诗人在湖南湘西边城与客人一同吃豆脑，乡情聚生，有感而作。诗歌前十四句主要讲豆羹制作方法的传播以及诗人家乡是如何做豆脑的——以酒与糖相混合，味道“甘苦”兼有。如此制作出来的豆脑“滴酥浓不如，截玉碎可数”，非常美味。相较京城的豆脑，是名同实异。自十五句始至诗末，是诗人抒发的怀乡之意、怅乡之情。边城虽然秋雨深重，但豆脑却令人备感暖心，客人们都争着夸赞豆脑的味道美。诗人“一碗酡颜頩，两碗暖肺腑”后，第三碗却吃不下了，因为“怅然念乡土”，想起了自己的家乡。顺而回忆起在家乡时与乡亲父老的乐事：“往时榆关下，连村响社鼓。盘飧会比邻，泥饮遭田父。”如今身在湘江边城，衣食无愁，但思乡之情却令人惆怅，家乡的风味也令人无限回思。诗歌叙事与抒情结合，从“食豆脑”这一平凡之事写起，却充满着浓郁的思乡之情。

幽兰（其一）

［清］祁寯藻

空山四无人，知有幽兰花。
花开不可见，香气清且嘉。

飞流下危磴，时有横风遮。
香久亦不闻，山深愁路赊。
众草何青青，吐艳明朝霞。
如何咫尺间，渺若天一涯。
援琴坐白石，日暮三叹嗟。

解读

这首诗是祁寯藻咏幽兰之诗，也是祁寯藻所作诗歌中颇显轻盈空灵的一首。幽兰生于空山之中，花开虽不可见，但香气却清馨而美好。诗人想去寻幽兰，但是环境峭险，既有直流而下的瀑布，也有横扫而来的山谷之风，真是山深路远，让人难以以身寻觅。在这草色青绿、霞光明艳的山中，以为相隔咫尺，却渺远如天涯。幽兰难寻，诗人只能坐在白石上轻抚弦琴，面对日暮连连嗟叹，流露出无限感伤之情。

扩展 | KUOZHAN

祁寯藻轶事

◆东南西北

道光年间，祁寯藻在翰林院任侍讲学士，经筵讲官，为道光帝讲习经书。一日，祁寯藻手持竹篮准备去给他的母亲买些东西。道光帝突然问道，为何只说买东西，而不

说买南北？这个问题没有难倒祁寯藻，他笑着以五行之说解释道："按五行学说，东方属木，西方属金，南方属火，北方属水，有东方甲乙木，西方庚辛金，南方丙丁火，北方壬癸水之说，这竹篮可置金木，焉能存水火，故凡什物皆曰东西。"道光帝听了很受启发，也十分佩服祁寯藻广博的学识。

◆捎书免事

道光年间，祁寯藻在京城收到了近本家的一封书信，信中说，邻居打墙而多占了他家一步宽的地基，希望祁寯藻能为他主持公道。祁寯藻给他回了信，未说其他，只留了四句话："千里捎书为堵墙，让人一步又何妨？古修长城今还在，不见当年秦始皇。"劝诫近本家，要以礼让为先，争名夺利最终也是两手空空。就像那长城今日还能看到，秦始皇却早已终了于历史长河。看了祁寯藻的书信，近本家感到十分惭愧，最终决定不打这场官司了。

大寨景区

简介 | JIANJIE

大寨景区位于太行山西部，全国农业旅游示范点、山西省著名特色旅游景区、山西省爱国主义教育基地、中国“十大名村”之一，也是我国的4A级景区。大寨近山傍水，省级森林公园居于其中，自然景色鬼斧神工，亭台廊榭独具匠心。

大寨景区不仅风光秀美，而且遍布人文名胜。国家领导人曾经多次参观大寨，社会名流也曾屡次访问此地，在青山秀水间留下了他们的足迹。大寨历史悠久，见证了华夏文明的发展流变，一方水土养一方人，大寨也孕育了一批坚韧不拔、自力更生的大寨人。这些大寨人曾首战白驼沟、三战狼窝掌、奋力战洪灾、搬山填沟造平原、科学种田等，创造了一个又一个历史传奇。20世纪60年代，以陈永贵、贾进才、郭凤莲等为带头的大寨人，致力于改造恶劣的自然环境，得到了党中央的肯定和表彰。毛主席发出“农业学大寨”的号召，使大寨成为农业示范基地，进一步弘扬了大寨人的艰苦奋斗精神。景区内有团结林、知青林、红碑、军民池、周恩来三访大寨纪念亭、虎头山标志石、贾进才墓地、郭沫若诗魂碑、孙谦纪念碑、团结沟渡槽、大寨文化展示馆、大寨展览馆、大寨村标楼、大寨生态园等特色景点，展现了大寨的特色风貌，让游客感触颇深。2004年，大寨被命名为“全国农业旅游示范点”。

在新时代背景下，大寨也加快了发展脚步，朝着经济繁荣、社会和谐的方向迈进。由于区位条件优越、自然景色优美、交通十分便利、基础设施完善，大寨景区闻名于世。而在特色文化的洗礼下，大寨也越发显得风格独具，魅力无限。

引文 | YINWEN

大寨英雄谱
——陈永贵抗灾记(节选)

孙谦

从8月8日到12日，这几天的天气变化无常：一会儿阴天,一会儿晴天，一会儿又落一阵子雨。大寨村里，仍然是这里淌水，那里流泥。

但是，设在帆布棚下的那个风箱火炉，却不冒烟了。

经过了腾家、并家、挤家、修家等措施，社员们大部都有了个窝——当然谈不到什么舒适,不过起码有个睡觉做饭的地场了。

这几天，陈永贵白天忙着给社员安顿房子、搬家，晚上又得查夜，可他一有空空，就要到地里转一转——越转心里越难受。前一天上午送走了省和专区的慰问团，他一个人又到地里转去了，一直转到太阳落山还没回来。

大寨的土地很集中，连爬山带翻沟，转一圈子有三个钟头足够了，陈永贵为什么转了几乎整一天？

陈永贵每走到一块重灾地，心疼得就走不动了。

全村两千多块土地，每块土地都有一段故事，每个故事里的主角都是陈永贵和他的那些伙伴们——为了改变这土石山区的低产面貌，大寨人民付出了多么高的代价！

那是大黄沟。暴雨以前，这里是一层一层的梯田，梯田的石碴，像是一道道整齐威严的城墙。梯田里长着油绿的玉茭——玉菱已经开花吐絮了，玉茭中间还长着一排一排的苹果树。暴雨一来，山水从山顶直泻而下，冲开了石碴，刮走了泥土，把那些碗来粗的苹果树冲得根子朝了天，把那些吐着红缨的玉茭苗冲得倒挂在塄上，把那些五百多斤重的大碴石，冲到溜山泥里。

看着那些大碴石，陈永贵立刻就想起了贾进才——

贾进才54岁了。他是大寨党龄最长的党员。他生在穷家，从小就过着“吃饭寻灶、睡

觉借炕”的日子，9岁上就给地主家当了小羊工——因为他吃尽了旧社会的苦，才特别感受到新社会的甜，他把集体事业看作是自己的命根子。他不大爱说话，就爱干活儿——他最拿手的本事是打石头。打石头不是件轻松活儿；打石头的人大都是些粗壮汉子。不，贾进才既不粗又不壮，是个瘦麻条条的小老汉。表面看来，贾进才的身板子和他担负的工作性质实在不相称，可是到取石场一看，立刻就会发现贾进才身上蕴藏着使不尽的气力、用不尽的智慧。金石坡有个石窝，许多人都看中了，可就是无法下手。金石坡人自己开过，没开开；1958年县里修水库，派人来开了一阵，又没开开；两年以前，陈永贵曾请来石匠师傅看过，石匠师傅说：“要开这石窝顶少也得半年功夫。”去年七月，陈永贵对贾进才说：“老伙计，还是你来开吧。”贾进才带了个助手，在金石坡折腾了6天，第7天，石窝口子打开了。贾进才有股子恒劲儿，瞅中了要干什么，非干到底不可：修白驼沟有他，修后底沟有他，三战狼窝掌也有他——当第二次失败以后，别人都灰心丧气的时候，第一个跟着除永贵走进狼窝掌的还是他！修地就要垒碴 ，垒碴就得用石头，用石头就得贾进才去打。在每一道碴上，都有贾进才打出来的石头；在每一块石头上，都有贾进才的指印和汗水点子。

现在，山洪把贾进才打下的大碴石埋到泥里去了，陈永贵能不心疼吗？

陈永贵又碰见一块重灾地。

这是一块很别致的土地，三面是五丈高的黄土陡崖，一面向着大沟，很像一张簸箕。修治这块簸箕地可费了事啦。地基都是河刮石、泡山石和绣渣石，不用说长庄稼，连草都不长。为了把这块石滩变成良田，社员们劈倒了多大的崖！挑了多少担土！土地修治出来了，可那三面土崖上的荫歇物却没法除下来——那土崖上长满了酸枣刺、荆条、杂树，不把这些东西除去，这块地里就不透风，不透风就不能长庄稼。

解读

本文节选自《人民文学》1964年第4期，作者孙谦(1920—1996)，中国电影剧作家、小说家，原名孙怀谦。历任山西省作协副主席、山西省文联副主席、山西省影协主席等职。他写于1964年的《大寨英雄谱》，通过描写1963年山西省昔阳县大寨大队遭受严重水灾后3个月的救灾活动，描写了大寨党支部书记陈永贵同志如何团结和领导大寨人民，战胜困难的故事，表现了大寨人坚强的意志和高尚的品质。

扩展丨KUOZHAN

◆郭沫若与大寨

1965年的冬天，中国科学院院长郭沫若曾亲率院内专家到大寨参观访问，虚心向大寨人民学习，也热情地将种田的一些知识传授给大寨人民。在相互的交流过程中，郭沫若深深地感受到了大寨人民身上的可贵品质，与大寨人民结下了深厚的友谊。郭沫若本是个才华横溢的诗人，在参观访问大寨期间，他还为大寨人民留下了一首激情澎湃的诗歌——《颂大寨》：“全国学大寨，大寨学全国。人是千里人，乐以天下乐。狼窝战良田，凶岁夺大熟。红旗毛泽东，红遍天一角。”后来又写了《参观大寨展览馆有感》，发表于1965年12月7日的《人民日报》上，可以说是在全国范围内有效地宣传了大寨。参观完大寨，临走时，郭沫若曾承诺以后一定再来大寨看看。结果，1978年6月12日，郭沫若不幸与世长辞，无法兑现承诺，但临终前，将心愿变成“将部分骨灰撒在大寨的大地上”。

石马寺

简介 | JIANJIE

石马寺位于山西省昔阳县西南15公里处的石马村。该寺地处太行山西麓的山谷地带，群山环绕，绿树成荫，风景秀丽。寺庙背倚山崖，坐东朝西，石马河水由南而北从寺前流过，环境优美而雅静。古人有"寒山峻秀，清泉下流，殿宇层叠，崎石嶙峋"的赞誉。石马寺最早叫落鹰寺，这只是传说，无可查考。北魏石窟建成后，取名石佛寺，到唐朝传说李世民赐石马一对，易名石马寺。北宋熙宁年间，围像建廊筑寺，后经元明清历代的多次扩建，规模日渐扩大，香火旺盛。

石马寺中，所有石刻造像均分布于三块巨石的七个崖面上，共有3个石窟、178个佛龛、1300多尊造像。这些石雕中，大者5米，小者5厘米，高1米以上者66尊。其中，北魏、北齐造像约占70%，其余均为隋唐作品。寺中造像与云岗、龙门石窟造像有异曲同工之精妙，被中外石窟专家称为"我国石窟艺术的小家碧玉"，是山西省第二批重点文物保护单位。

在建筑风格上，石马寺处处都彰显着中国建筑的对称美学。以铁佛楼、大雄宝殿、前亭、石台阶、石牌楼、戏台为中轴线，钟楼与鼓楼、伽蓝殿与二郎殿、一对石马均相互对称，整体来看，白马寺有一种整饬而对称之美。尤其，建筑群与寺内石窟又融洽地结合在一起，可谓完美。更让人惊叹的是，在大佛殿与子孙殿之间围绕两块巨石随形而建的砖砌蜗牛式拱券悬顶，像是天然形成的石廊庑，真是巧夺天工，此为明代建筑的精品，被专家称为“中国古代建筑史上的奇迹”。

引文 | YINWEN

石马寺

［元］王构

碧水孤村静，高岩古寺阴。
僧谈传石马，客至听山禽。
杯动疏松影，笳吹空谷音。
夕阳城市路，回首隔丛林。

解读

王构(1245—1310)，字肯堂，号安野，东平(今属山东)人。历仕三朝，朝廷每有大议，必向他咨询。著有《修辞鉴衡》二卷，今存。文章散见于《元文类》等书，《全元文》(第十三册)辑存其文29篇。《元诗选·癸集》乙集收入诗二首。

《石马寺》一诗，首联写景，写石马寺的环境。清澈的溪水环绕着山村静静流淌，座在高峻岩上的石马寺树荫蓊郁。颔联写人，僧人们谈论着有关白马寺的传说，游客们听着山中飞禽的鸣唱。颈联写酒杯中有松树的落影，笳笛吹奏出的声音在山谷间回荡。尾联写诗人在夕阳中行走在返回城市的路上，回头看，石马寺已隐然于丛林之中。

途次逢寒食

［清］玄烨

何处来春风，澹荡开晴旭。
不见杏花红，才逢柳梢绿。

解读

玄烨，即清代康熙皇帝。《途次逢寒食》是康熙四十二年的寒食节，康熙皇帝西巡返朝途中，路过石马寺时，有感而发所写，并赠予当时的知县。后人将该诗镌刻成碑，立于此。诗歌大意是：哪里来的春风，吹得阳光晴朗，让人感到心旷神怡。此时还没有见到盛开的杏花，却与翻绿的柳树相逢。诗歌所咏是石马寺的初春之景，清丽和旭，让人心情舒畅。

游石马寺

［清］赵岗龄

石马重来又十年，小桥流水尚依然。
白云生处层楼出，一幅画图别样鲜。

山围古寺寺围山，寺里山巅任往还。
老树残碑才阅罢，又从天半觅云关。

解读

赵岗龄，清代乐平人。拔贡。

《游石马寺》一诗，首联写诗人再次来到石马寺已是十年之后，小桥流水等景象还是原来的模样。颔联写那白云生处，层楼迭出，就像一幅图画，显得格外鲜艳。颈联写周围的山环绕着石马寺，石马寺也围着山，寺内与山顶可任意往还而行。尾联写诗人刚刚参观完寺内的老树与残碑，又到半空中去寻找为云雾所笼罩的关隘。

扩展 | KUOZHAN

◆头脑扁食

第一，制头脑汤。豆腐切成小指肚大的小块。锅上火加入食油，油热后投入豆腐块煎炒，边炒边加入少许食盐，待将豆腐块炒成黄色（虎皮色）时，加入少许姜末、蒜末、甜面酱继续翻炒，随之再投入炸好的长山药（或红薯）块（切成滚刀块，油炸成金黄色）和红糖，再继续翻炒，至红糖炒化后，加入清水少许，放入粉条，小火炖15分钟后，再视稠稀程度添入适量清水（一般约需1000—1500克），烧开后倒入适量水淀粉。鸡蛋磕入碗内打散，将蛋液甩入锅内，最后加入少许菠菜叶，即成头脑汤。第二，饺子下入开水锅中煮熟捞出，分放在10个碗内，再将头脑汤分别舀入饺子碗内，滴入3—4滴白酒即成。食时不能翻搅，须连汤带饺子一齐吃。

◆抿圪斗

又名擦圪斗，因形如小蝌蚪，而得名。属屯留民间小吃，其做法简单，配料随意，食用灵活。该食物做法相对简单，第一，将白面和豆面或者荞面、玉茭面、高粱面等搭配和好。第二，将抿床架于锅上，一手扶执抿把，一手将面放在抿床的凹处并用力推压，让面漏入锅中，面熟捞出。出锅后的面食配以菜卤，可谓美味。

孔祥熙故居

简介 | JIANJIE

孔祥熙故居位于山西省晋中市太谷县城内无边寺的西侧太谷师范学校院内，是民国著名人物孔祥熙的故居。孔祥熙，山西太谷人，孔子第七十五世孙，历任中华民国南京国民政府中央银行总裁、财政部长、行政院长等职，其妻子宋霭龄是蒋介石妻子宋美龄的大姐，出生于民国时期著名的宋氏家族，孔祥熙是蒋介石的连襟，孔家是民国时期四大家族之一。

孔祥熙故居最早修建于清代的乾隆至咸丰年间，是太谷士绅孟广誉的老宅，20世纪30年代转卖给孔祥熙。该宅院坐南朝北，东西长91米，南北宽69米，占地面积6000多平方米。现保存着正院、书房院、墨庄院、戏台院、厨房院以及东西花园等。该宅院是典型的四合院式风格，整个宅院由多个套院组成，每个套院也是典型的四合院式布局，该宅院主体大气美观，雕梁画栋、飞檐峭廊、风格迥异，造型栩栩如生、整体风格典雅，是清代北方民间建筑的代表。院内的主体为木质结构，房间内陈设的床榻、柜子、桌椅、窗户等都是用名贵的木料雕刻而成，造型考究、雕刻逼真、寓意吉祥，体现出浓厚的清代家具特色。各个套院之间以长廊、抱厦、花厅等相互连接，既互相分割又连为一体。庭院的主体正院为三进院落，建筑华丽、高耸大气，体现出主人的地位。宅内的花园，亭台楼池，风光宜人，是主人闲时漫步休闲的好去处。宅院整体既具有典型北方建筑的特色，又融入了南方园林的特点，是山西旅游体验的佳地之一。

孔祥熙故居是山西省太谷城内现存最大、保存最完整的具有清代中期建筑风格的宅院，1996年被山西省人民政府确定为山西省重点文物保护单位。该宅院在历史上曾经被蒋介石、邓小平等名人光临过，院内成列着许多的历史证章，对面有晋商历史博物馆，具有很高的历史研究价值。

引文 | YINWEN

孔祥熙与铭贤学校的创办（节选）

吴强

孔祥熙并非职业教育家，且在美国留学时也未以教育作为主业来专攻，但这并没有妨碍他形成自己的一套教育理念，并将此付诸铭贤的办学实践当中。宽广的学术视野、深厚的社会阅历和对中西文化的兼擅反而使他在工作中海纳百川，能够综合各家长处为己所用。

首先也是最主要的，即"学以事人"的核心理念。孔祥熙力图培育有用之才，他对所学有用性的强调也反映在铭贤学校的课程设置上，即重视声、光、电、农等实用性知识的传播，理论务与实践相结合，学生应广泛参与社会活动，以期能够做到学以致用、经世致用。

其次，尊师重教。为学校教学延揽名师，狠抓教学质量，以此吸引全省优秀生源，形成高水平老师与高质量学生之间的良性互动。孔祥熙深知教育对于一个国家和民族的重要性，"故国非学不立，故非智无以存，天下之通义也"。日后在重庆召开的国民政府第三次全国教育工作会议开幕式上，孔祥熙更是强调："教育是立国之本，国家的强弱、民族的兴衰，全视教育的成败为转移。故本人自留学美国后，即本办学救国的志愿，追随教育界同仁之后，努力提倡教育。"要培育人才、固本强基，一支优秀而精干的教师队伍则是必需的。

回顾孔氏一生经历可见，孔祥熙日后的腾达与其早年受益于学校的栽培与多位老师对他的指点、关爱是分不开的，这也使教师职业在孔祥熙心目中有着崇高地位。基于

对教师作用的深刻认识，孔祥熙认为教师之于学生担负着传道、授业、解惑之重责，应以中国传统教育中的循循善诱、因材施教和因势利导等方法对学生施教，师生之间应宛如一家，鼓励师生多集聚、多会晤、多探讨、多畅叙，教师不能责罚和打骂学生，要给予学生尊重。在聘请名师上，孔祥熙更是不遗余力，先后为铭贤请到了贾炎生（孔祥熙不在校时由贾出任代理校长）、吴克明（校务长）、武星三（事务主任）等硕学鸿儒参与学校的教学与管理工作，这些人也都有过留学经历，皆为望重一方的有识之士，教学认真负责、术有专攻，常以英文原版书作为教材，在此环境下学习的学生假以时日自然也就容易崭露头角。时人事后回忆铭贤的教学质量不仅保证了生源，而且高中毕业生多数都能如愿升入燕京、齐鲁、清华、南开等国内著名学府，这对于一所地处内陆的学校来说已经十分难得。

再者，孔祥熙在办学中极力倡导中西汇通、援西入中，有机结合两方长处而不可偏废。单就孔祥熙个人而言，其学养深厚，进入教会学校前曾在父亲督导下接受过较为严格的传统私塾教育，有着一定的国学根底，而后又在教会学校就读，开始接触和学习现代科学知识，留美的几年更是在欧柏林和耶鲁这两所知名大学中求学，知识面宽广、视野宏阔。因此，孔祥熙在选拔教师时除了要求其具备真才实学之外，也很注意海归与本土、西学与中学这两者关系的协调、融合。对于教学内容的选择，孔祥熙也非常开明，允许信教学生宣传基督教义和学习神学知识的同时，也容忍学生中的非教徒开展反基督斗争，并未刻意强调一方而压制另一方，可说是在蔡元培主政北大之前即已在太谷一隅先行实践着“兼容并包”的理念。孔祥熙痛恨鸦片，在学校所在地发起“集体戒烟”运动。令人倍感讶异的是，孔祥熙敢开风气之先，在当时那样一个仍然保守封闭的时代就已在学校开设性教育课程，亲自向学生讲解“性道德”“性卫生”“性的神圣”“两性结合”等内容，坚决反对在校生成婚，主张学业优先，这一做法就算是在当下也属前卫和趋新了。孔祥熙在提倡包容、开放的前提下将对学生进行素质教育作为整个铭贤学校的主轴，传授知识与建构学生健全人格并举。孔祥熙身上的儒家伦理印记则使他从传统角度提出应对学生进行以灌输古圣先贤遗训为主的精神教育，赞美民族传统美德，“光有学问而没有品格，就是小人”。

最后，孔祥熙对体育也情有独钟，如于1915年联合体育界著名人士上书全国教育联合会要求将武术改为国术。他注重中西体育的融合性发展，一方面聘请武术高手和拳师进入铭贤进行现场教学（中国近代著名武术家、形意拳一代宗师布学宽先生就曾担任铭贤武术教员），推进武术在青年学生中的普及程度；另一方面也借鉴在美留学时的亲身经历引进了体操、球类等西式体育项目，自创体操课程，并向学生和教员展示。孔祥熙的“以体育人”和“体育救国”思想不仅推动了山西近代体育的发展，开一时风气之先，而且屡创佳绩。在1915年4月的山西第一届省运会上，铭贤学校分别夺得跳远、跳高、铅球、400米跑和200米跑等项目的冠亚军，轰动全省，此后又多次在全省和华北运动会上夺魁。

解读

本文节选，出自《太原师范学院学报》2016年1期。作者吴强，为山西农业大学马克思主义学院的老师。节选内容主要是讲述了孔祥熙的治校理念和办学举措。

扩展 | KUOZHAN

◆孔祥熙请蒋介石吃太谷饼

1934年，蒋介石来到太谷探亲孔祥熙（二人为连襟）。在蒋介石看来，山西穷乡僻壤，在食物方面没有什么十分好的，没有什么好吃的东西。但在孔祥熙请他品尝了太谷饼后，蒋介石甚为惊讶，说没想到山西有这么好吃的东西。于是他便想让太谷饼面点铺能迁至南京。孔祥熙看出了蒋介石的心思，便说：慈禧庚子年逃难长安，经过太谷时吃了太谷饼觉得很好吃，便下旨让面点铺迁至京城，没想到面点铺不愿，离开家乡迁走，故抗旨不遵。曹家听闻此事，就在慈禧面前给太谷饼面点铺讲情，慈禧也就作罢。蒋介石听后，明白孔祥熙的用意，便不再提此事。

曹家大院

简介 | JIANJIE

曹家大院又称“三多堂”博物馆，位于山西省太谷县城西南5公里的北洸村，临近108国道。曹家大院据考究最初的祖先是明代的曹邦彦，以卖砂锅为生，明洪武年间迁居于太谷。曹家在清代道光、咸丰年间生意到达鼎盛，据记载在全国有640多间的铺面，财产1200多万两白银，其生意更是远销到俄罗斯、英国、法国、日本等国，引进高丽的人参、日本的钢铁，曹家在山西和内蒙古之间做生意走出了一条与“丝绸之路”相提并论的“茶叶之道”，其光辉的家族事迹在晋商史上乃至中国经商史上留下浓重的一笔，其后到光绪年间生意逐渐没落。

曹家大院整体占地面积10638平方米，建筑物占地面积6468平方米，院落南北长98米，东西宽66米，院内有房间277间，距今已有400多年的历史。曹家大院整体的布局呈现出篆书的"寿"字形，被誉为"中华民宅之奇葩"，其布局在中国传统民间建筑中找不到第二个了。大院分为南北两部分，东西并列着三座四层高的堂楼，这就是主体部分最著名的"三多堂"，寓意"多子、多福、多寿"，体现古代传统的吉祥愿望。曹家大院中间被一条甬道隔开，老年人居东边，主人居中，子孙居西，代表着福如东海寿比南山。在主楼的顶上是三多堂"寿"字的顶头一笔，表示登楼之人的地位。曹家大院内建筑风格囊括中西，房梁角落有中国古代的山水画雕刻。"三多堂"博物馆内有上千间文物展现了中国明清时代的历史和曹家的家族史，是晋商文化的一大旅游景点，多个著名的影片曾在此拍摄，具有深厚的历史价值和现实价值。

曹家大院是中国古代北方传统民居建筑的代表之一，其建筑既有中国古代南北方建筑的风格，更融合了古代欧洲建筑的特色，是全国第六批重点文物保护单位、山西省十大著名优秀景区和中国十佳旅游景区。

引文 | YINWEN

晋商巨擘　文坛才俊曹润堂(节选)

康维艾

曹润堂，名培德，号木石庵主人，润堂其字也。清咸丰三年（1853）生于太谷县北洸村富商之家，宣统元年（1909）去世，历经咸丰、同治、光绪、宣统四个动荡不安的朝代，也是晋商繁荣发展的特殊时代。

曹润堂从小受到良好的家庭教育，当时晋商家族十分注重人才培养，各家都有私塾、学馆，并且相互攀比，不惜重金聘请学贯中西的先生执教。商人并不盼望子弟走仕途之路，他们希望后代有真才实学，能够光大家业，从而达到"以商养儒，以儒兴商"之目的。

曹润堂的母亲对他们兄弟几人的学业一向督促得很严，在曹家众多叔伯兄弟中，数曹润堂天资聪明，成绩优良。可惜他的仕途却很不顺利，因为他厌恶应试教育，鄙视八股文章，所以29岁才考中秀才，光绪十一年（1885），他以府学生员的身份选拔为拔贡，满怀信心上京赴试，不幸落榜，屡次科场失败，使他看清了科场的污浊。原本是因为官员徇私舞弊而名落孙山，可是被人家误认为富商子弟贪图享受，心气浮躁，学识浅薄。他觉得丢尽了脸面，心情郁闷，又无可奈何，只能借助笔墨，发泄淤积在心中的怨气："不重才华重门第，吾曹读书真失计……"　在封建社会里商人虽然有钱，社会地位却很低。他也花钱捐了一个内阁中书衔，又不甘心屈就。他怀着矛盾的心情，以侍奉老母为由，又回到了太谷闭门读书。为了光耀门庭，他决心与命运抗争，不争俸禄，争名誉。

曹润堂埋头苦读数年，再次步入考场。

苍天不负有心人，千里马终于遇到了伯乐。恰巧，礼部侍郎徐琪担任这次科考的主考官。徐琪，杭州人，学识渊博，为官清正廉洁。经历了惊心动魄的鸦片战争之后，国家大伤元气，中华民族处于危难时期，他决心为振兴中华选拔一批栋梁之材。曹润堂的文章主题新颖、条理清晰、朴实无华、柔中有刚，受到了徐琪的赏识。他终于考中了举人。仕途之门正缓缓向他敞开，偏偏这个时候，曹氏财团需要一个德才兼备的人来担任“专东”（相当于现代跨国企业的董事长）。曹氏家族虽然人才济济，可是长辈们认为，唯有培德堪当此重任。

曹润堂权衡再三，毅然放弃仕途，执掌家政，支撑门庭，担负起曹氏财团的兴衰重担。商界自古就是藏龙卧虎之地，市场竞争，瞬息万变，优胜劣汰，适者生存。五车奇蕴胸，雄才腹内藏的人物多如牛毛，想在商界出人头地实属不易。他虽然生活在晋商大院，却从未真正管理过商号。何况此时曹氏财团表面上看轰轰烈烈，实际上有一大部分商号虚盈实亏，掌柜们相互攀比，挥霍浪费严重，有利争先，有害推诿。他执掌家政之后，从南到北，从东至西，从蒙古至俄国，明察暗访，了解各地市场行情，各国社会动态，寻找商机，确定投资方向。他瞄准俄国与蒙古两国的广阔市场，采取了一系列变革方略，连续走四步险棋，迅速扭转了败局，转换了经营机制。第一步，利用解体重组的方法，裁减了一批亏损商号。吸纳闲散资金（包括太太小姐们的首

饰)，拓宽经营范围，优化了内部产业结构。第二步，严禁族人赌钱吸毒，子弟抽鸦片者裁去股息，鼓励子侄创建新业，在各地增设分号，增加经营项目，扩大市场占有额。第三步，梳理内部矛盾，调整“执事”人员，完善“账房”管理制度（曹家总号“六德公”下设三个账房，励金德、用通玉、三晋川），又以经营项目分类，以大号统辖小号，确定经济目标。第四步，有计划地启用了一批有才干的年轻伙计执掌号事，实行“层级化”管理，“规模化”经营，堵塞漏洞，增收节支，转亏为盈。

曹润堂以渊博的学识，开阔的视野，独到的见解，在商场大显身手，开拓进取，苦心经营了二十余年，终于把曹家的事业推到了前所未有的高峰。他一手创立了曹家所有“锦”字商号，即锦丰泰、锦丰焕、锦丰典、锦泉汇、锦泉兴、锦泉和、锦泉涌、锦元懋、锦隆德、锦泰亨等，当时人称十大锦。光绪二十九年（1903），曹润堂已经50岁了，依然雄心勃勃。他投资3.2万两白银成立了“锦生润”票号，总部设在太谷城内，聘请文水人张子宽担任总经理。张子宽有胆有识，能写会算，懂经营，善管理。“锦生润”票号虽然起步晚，但是由于曹氏财团在各地的商号信誉度极高，有雄厚的经济实力和庞大的商业网络支撑，所以汇兑、存款、放款业务发展都很快，先后在祁县、平遥、忻州、北京、天津、张家口、赤峰、承德、喇嘛庙、凉城、获鹿、沈阳、营口、锦州、保定设立分号。“锦生润”票号经济效益高，在金融界赫赫有名。光绪三十二年（1906），账期结算，赢利5.1948万两，资本达到6.4万两，资本赢利率达到81%以上。"锦生润"票号在外资银行、大清银行双重挤压下，仍然能够保持高速发展，令其他票号望尘莫及。这其中有两个重要因素：一是曹润堂运筹帷幄，"酌盈济虚，抽疲转快"，统筹调度及时；二是张子宽精通业务，经营有方。

曹润堂主持家政时，曹家总号"六德公"旗下的商业字号发展到640多个，从业人员37000余人，大小掌柜有1000多人，个个都是在商场历练出来的行家里手，能把这些枕着算盘睡觉的人管理好实属不易。一位文质彬彬的儒生，竟然把如此庞大的商业团队管理得井井有条，不能不令人钦佩。正如赵荣达先生所说，曹润堂是社会转型中的晋商翘楚。

解读

本文为节选，出自《文史月刊》2019年第6期。作者为康维艾。节选部分主要写曹润堂弃儒经商、振兴家业的从商之才。其实，曹润堂不仅是一位晋商巨子，更是一位颇具个性魅力的诗人，他一生作诗万余首，有《木石庵诗选合刊》行世。

扩展 | KUOZHAN

◆太谷饼

太谷饼甜而不腻、酥而不碎、味美鲜香，有"糕点之王"之美称，为晋商饮食文化的典型代表，歌唱家郭兰英所唱"平遥的牛肉太谷的饼……"更让太谷饼美名远播。太谷饼主要原料是用精白面、白糖、食用油、碱面、饴糖。制作方法是用水把上面食材和好，上案搓成长条，揪成剂子，再抟住粘上芝麻，按成饼形。把制成的饼放入吊炉，十几分钟即成。

◆太谷熏鸽

太谷熏鸽始创于清代。制作方法：第一步，将野鸽宰杀洗净后，在清水中浸泡2个小时。第二，在卤制前，先将鸽子在沸水中汆透，将汆好的鸽子放入卤锅中，加放花椒、大料、大茴、砂仁、豆蔻、姜、葱、盐等佐料和药料。煮沸后，用微火卤煮，煮至用筷子能扎透。第三，捞出后，把鸽子放入熏筒内，将杨柳木锯末和柏木锯末放火熏锅内，再将熏锅上火，等到起烟，上面扣上砂锅，熏至金红色即成。

乔家大院

简介 | JIANJIE

乔家大院别称“在中堂”，位于山西省晋中市祁县东观镇乔家堡村。乔家大院由乔家先祖乔全美始建于1756年清乾隆年间，到了嘉庆年间乔家第四位当家人乔致庸励志光大门庭，他大兴土木，继续扩大乔家大院，建成了现在乔家大院的主体。到光绪年间，乔家后代继续修建乔家大院，形成了城堡式的建筑群，民国初年乔家继续扩建，基本形成了今天的规模。

乔家大院院落整体的布局呈双“喜”字形，布局寓意吉祥，房屋建筑面积4175平方米，房屋313间，有6个大院，20多个小院。大院三面临街，不与周围居民相连，大院内被甬道分成南北两个部分，有主楼、门楼、更楼、眺阁等，西边建有乔家祠堂，各院房顶之间有走道相互连接，彰显了封建大家庭的居住风格。全院整体建筑宏伟瑰丽，亭台楼阁、轩榭苑廊，雕梁画栋，堆金立粉。除了整体的建筑物之外，乔家大院的石雕、砖雕、木雕等工艺娴熟、形象逼真、形态各异，石雕的物体有石狮子、猴、白象等，寓意吉祥平安、辈辈封侯、辟邪驱煞。砖雕有墙壁雕、屏雕、扶栏雕等，题材广泛，有象征吉祥平安福禄寿喜的四狮（时）吐云、和合二仙、马头上金银财宝、龟背翰锦、九鹿（路）通顺、多子多福的百子图、犀牛贺喜、喜鹊登梅、四季花卉等都寓意着吉祥如意。木雕更是技艺精湛、巧夺天工，种类多样。除了各种雕刻之外还有许多著名的牌匾和照壁，如李鸿章所提的“仁周义溥”，山西巡抚丁宝铨受慈禧太后的面谕送的“福种琅环”。院内还有著名的文物“万人球”“犀牛望月镜”“九龙灯”等，是北方居民建筑的一颗璀璨明珠。

乔家大院是全国重点文物保护单位，国家二级博物馆，国家文物先进单位，国家级青年文明号，山西省爱国主义教育基地。

引文 | YINWEN

乔致庸墓碑碑文

公讳致庸，字仲登，号晓池。全美公之仲子也。祖、父世以贾起家。公生也晚，弱岁而恃怙见背，鞠于伯兄守约公。幼嗜读书，思以儒术昌门阀。又恶夫文士之舍本也，遂笃志为忠实无妄之诣。昆仲怡怡，友爱无间；悌弟之誉，戚党交称。甫入邑庠，而守约公即世，家政纷赜，公以力肩。乃弃举子业，仍肆力史册，藉扩识量，不沾沾以研桑术自限云。逮丈夫子先后生且成立，公悯伯兄之正嗣也，以长、次、四子承之。常私淑燕山窦氏风，欲诸子以文学显，督饬严无少懈。公亦孜孜矻矻，广购图书。所居泊然，卷轴外无它玩好。冠服质素如老儒生，而于亲故之赒恤、灾歉之赈施，独倾囊佽助无吝色，以故纶旨之嘉奖、大吏之褒美，莘莘绅冕、焜耀门楣。公顾不以是自喜，确任为义所应尽，欿然自虚。甲午后，公五、四、六、次诸子先后逝，诸孙衰绖相继，公不引为大戚。督诸孙读书如曩昔，无宽假。岁癸卯，赞娶公女孙，始谒公。公时老矣，霜髯如戟，饮啖甚豪，酒酣扬声议论，益见坦白，而于礼法则斤斤焉，不稍假借。起居之恒、读书之挈，数十年如一日。闲窥案头史鉴而外，如四子书、尚书、左氏传。似数十百遍之熟，复者丹铅点斠，终卷厘然，是亦公忠实无妄之一辨欤。呜呼！吾晋善贾之名久重于世，而贾而富，富而骄，骄而偾者比比矣。公特以忠实无妄者自持，隐契论语之好礼，加以安遇等乎。子荆勤勉侔诸卫武，虽于近今学说未见研求，而凡涉公益，无不慨助。证以社会慈善之通规，吾知无大违异也。况公

之子若孙，屡助学款，腾美时贤，抑亦踵公而增式廓者乎？公以累效输将，故得邀补用道员之奖，复以次子贵，晋二品，封阶赏翎枝，故据以署衔。配马氏赠夫人，继高氏、杨氏、周氏、杨氏、杨氏，赠封各如例。丈夫子六：长岱，文林郎；次景仪，花翎二品衔，补用道员，附贡生，嗣长房；三景俨，花翎三品衔；四景侃，花翎四品衔，附贡生，嗣长房；五景偁，花翎员外郎衔，优廪生；六景僖，花翎员外郎衔。女子三。孙男十女十，婚嫁均士族。曾孙男二、女四。公之生也，以嘉庆二十三年正月二十三日，卒以光绪三十三年二月二十五日，春秋八十有九岁。其葬也，以十月二十六日卜兆村东南之良化原，灵辇甫引。而子姓泣于庭，邻里祭于巷，行路啧啧叹诵生平，尤可见忠实无妄感人者深，殊非悴而致是也。

越明年，兆域告成。公三子景俨，赞妇翁也。以公不鄙赞，命为文，以揭墓道。赞之名位文学，乌足重公，辱施茑萝。窃综所闻见，谨拈忠实无妄，诠次公学行镵诸石，俾后之知言君子考信焉。

敕授文林郎中书科中书舍人加一级，壬寅恩正并科举人丁酉科拔贡生，愚孙婿常赞春顿首谨撰愚孙婿赵昌燮顿首拜书

解读

乔致庸(1818—1907)，字仲登，号晓池，山西祁县(今山西祁县)人，乔家第四位当家人，清朝末年著名晋商，人称“亮财主”。乔致庸自幼父母双亡，由兄长抚育长大。本欲走入仕途，刚考中秀才，兄长故去，只得弃文从商。在他的不懈努力下，生意渐隆，及至清末，乔氏家族的商业已成较大规模，在中国各地有票号、钱庄、当铺、粮店200多处，资产达到数千万两白银。他于同治初年耗费重金扩建祖宅，修建了乔家大院，被誉为“清代北方民居建筑的一颗明珠”。“乔致庸墓碑碑文”是其孙婿赵昌燮所撰写，碑文内容囊括了乔致庸的一生及主要贡献，尤其是对后辈的教育、对他人的帮助以及对乔家商业所做出的艰苦努力，体现了乔致庸的为人处事、治家之道和经商理念。

扩展 | KUOZHAN

◆八碗八碟

乔家大院的美食中，“八碗八碟”尤其著名。“八碗”指的是八碗热菜，包括喇嘛肉、荤炖、烧肉、甜粥、红烧肘子、蜜閤、羊肉胡萝卜、丸子；而“八碟”则主要是冷盘，包括焖干肉、鸡丝、琼菜、什锦丝、龙爪菜、爆腌蛋、排骨、熏肉。这“八碗八碟”，有冷有热，有荤有素，搭配合理，营养丰富。

◆雪莲酥

雪莲酥是祁县老字号“是盛楼”糕点铺的一款极品糕点，以“酥、绵、利口、甜香、醇和”的口感特征著称。据《祁县县志》记载，“是盛楼”始建于清乾隆时期，鼎盛于清末民初，以制作糕点鲜美精致著称。乔家所用糕点、月饼均由“是盛楼”承制，其中“雪莲酥”等至酥月饼系列专供“在中堂”（乔氏一族）。“雪莲酥”制作工艺复杂、用料考究，始终恪守最传统的配比秘方和重要工艺，同时，它又博采众家之长，集合了几代糕点师傅的集体创造结晶，最集中、典型地体现了一代晋商的发展过程和烘焙工艺的历史，具有重要的社会人文及工艺价值。

渠家大院

简介 | JIANJIE

渠家大院位于山西省晋中市祁县晋商老街的东端，是著名晋商巨贾渠氏家族的宅邸。渠家曾经在祁县城内拥有十几个大院，上千间房屋，占地面积30000多平方米，人称“渠半城”。渠家绵延十七世，有著名的三大财主。该大院始建于清乾隆年间，有近300年的历史。

渠家大院拥有多个院落，整座院落宏伟庄严，建筑高大峻拔、气象威严、仪态万千，展示了主人非凡的地位。大院拥有全国独特罕见的五进式穿堂院、明楼院、统楼院 、栏杆院、戏台院等。主院是由五外三进式的牌楼院组成，有一座高10余米的木制

牌楼高耸入云，构思精巧，设计独到，工艺考究，这个大院内是晋商文化博物馆的第9—16展室，展品的主题是巨商大贾，介绍了山西各地富可敌国的巨商名家，研究这些巨商家族的历史可以窥探出晋商的发家史和中国古代的商业史，同时也可以学到晋商独特的智慧和眼光。主院的两侧是统楼院，设有17—21展室，这里展示的是商界的盛事，有开市的热闹场面，有说明学徒、薪金、银股、身股的情况，更有反映庙会梨园的热闹场面，此外还有获得巴拿马国际博览会的龟龄集、定坤丹的奖状。整座院落外观为城堡造型，院落之间相互连接，牌楼、戏台院等错落有致，巍峨壮观，屋内屋外陈设华丽，器宇轩昂。

在渠家大院的基础上开辟的晋商文化博物馆，是全国首家展示晋商文化的博物馆，展馆共有25个展室，7个系列，展现了晋商文化的历史。漫步于渠家大院，各处可以窥探到晋商文化的历史盛况和中国古代建筑的历史，展馆内陈设的艺术品是中国古代劳动人民智慧的结晶，展现了晋中的民俗文化，是晋商文化中的艺术瑰宝，有着不可替代的历史价值和艺术价值。

引文 | YINWEN

渠源浈：常胜不败的商界传奇

刘杰

渠源浈是祁县巨商渠家的后代，属于“源”字辈中的佼佼者。渠源浈的祖父渠映璜去世前，渠家独资、合资经营的票号已有三晋源、长盛川、百川通、汇源涌、存义公等。遍及全国的茶庄、盐店、典当、药材、绸缎杂货等商号更多达数百家。渠源浈出生时，正是渠氏家族商海激流猛进的时期。

渠源浈生于道光二十二年（1842），小名“旺儿”，后来人称“旺财主”。他自幼勤读好学、聪颖过人，不仅精通孔孟经典、诗词歌赋，而且十分关注国内外的时事政局。光绪初年（1875），他曾捐官为清廷刑部员外郎，这是中央政府专门承办刑事法律的专员。

渠源浈一生纵横商海只盈不亏，创造了一个旁人难以企及的商界传奇。渠源浈掌管家族生意期间，渠氏家族一跃成为蜚声全国的巨商大贾，总资产达500万两白银。以渠家百川通票号为例，这是渠氏家族各门合资经营的票号，总号设在平遥。百川通票号开办于咸丰十年（1860），经历半个多世纪金融市场的风雨沧桑后，于民国7年（1918）歇业。当时，百川通票号在太原、北京、天津、上海、武汉、西安、武昌、汉口、昆明、成都、贵阳等20 多个城市均设有分号。

设在平遥城内南大街的百川通总号，南北铺面分别经营存放款和异地汇兑业务。总号与全国分支均为“三晋大财东”渠源浈、渠源潮、渠源洛、渠本立弟兄合资开办。史料记载，光绪二十三、二十四年，广州巡抚曾将偿还俄国的白银由百川通汇解海关投纳，本息共计42万两。光绪二十五年，湖南巡抚将偿还英德的9000两白银交百川通汇解海关兑收。光绪二十六年，湖南巡抚曾将京饷白银13 万余两，统交百川通总、分号解京……类似的巨额金融业务还有多项。

民国二年（1913），据天成亨等几家票号北洋政府财政部的存款实际统计表记载，百川通存现银达305万两，放款350万两。可算当年国内金融业的大亨。与此同时，百川通还是中国最早与外商办理存款业务的票号。光绪末年，在汉口的外商银行有汇丰、麦加利、道胜、正金等数家外资银行。当百川通银库拥满时，便转存于外商银行金库，相互间交往甚密。

同治初年，渠源浈又独资创办“三晋源”票号，与祁县乔家开设的“大德通”和“大德恒”并称祁县三大票号。三晋源票号在渠源浈的掌管下，业务发展始终有章有法、只盈不亏，最盛时经营周转资金总额达800万两白银。三晋源的店伙计一直以精心挑选、个个标致帅气而著称，在市面上独领风骚，广泛招徕顾客。

渠源浈在选用票号伙友上，条件几近苛刻。开办三晋源票号时，他要求应试者须有商界头面人物的引荐，且须殷实铺保并画押为据，还要考察被举荐人祖上三代是否清白。面试时，不光要看对方的容貌举止，还要求有相当的语言文字表达能力，不抽鸦片烟也是选拔店伙必须的条件。

光绪六年（1880），中俄发生领土之争，清政府派曾国荃率部驻防边陲以防东北之不测。当时，渠源浈应邀作为幕僚协助曾筹措粮饷。事平后返京不久渠便请长假回了祁县，以后再不出仕。渠源浈经商致富过程中，一生多次向社会捐献巨款。光绪十九年（1893），光绪皇帝御笔亲谕"捐助善举，数逾巨万"，准予为其建立牌坊。

渠源浈的原配夫人阎氏，婚后不久就去世了。续弦夫人为乔家堡保元堂的乔朗山之女。乔朗山之父乔致远与在中堂乔致庸是叔伯兄弟，乔朗山本人于清咸丰年间中举，光绪初年出任直隶新城县知县，在当地颇有政望。因久居宦海，他与女婿渠源浈不甚融洽。渠源浈本人与夫人也始终感情不睦。

解读

本文为节选，出自《新晋商》2010年第10期。作者为刘杰。文章节选内容是对明清晋商中颇富传奇色彩的渠源浈故事的讲述。渠源浈，字筱洲，号龙川，乳名旺儿，人称"旺财主"。电视连续剧《昌晋源票号》中的徐源潢即是以他为原型。

扩展 | KUOZHAN

◆贾令熏肉

贾令熏肉因加工、生产于祁县贾令镇而得名，其工艺独特，色香味美，肥而不腻，瘦而不柴，熏香沁脾，余味悠长。其以独特的工艺2014年成功入选晋中市第三批市级非物质文化遗产名录。

◆隆州果脯

隆州果脯历史悠久，宋代时即有盛名。其出于祁县团柏村，据传，北团柏村于宋时名隆州城，故将产于此地的果脯称为隆州果脯。如今，该地果品加工厂已具备一定的规模，且因产品加工精良，品质有保障，而得到消费者的信任。

平遥古城

简介 | JIANJIE

平遥古城位于山西省晋中市平遥县，是中国汉民族地区现存最完整的古城，与四川阆中古城、安徽徽州古城、云南丽江古城并称为“保存最为完好的四大古城”，也是中国仅有的以整座古城申报世界文化遗产获得成功的两座古城市之一。

平遥古城的历史最早可以追溯到周宣王时期，在明洪武十三年扩建，距今已有2700多年的历史。平遥古称“古陶”，自秦朝实行郡县制以来一直是县治所在地，明朝洪武年间，为预防外族的侵扰始修建城墙，以后明朝后期多有修葺，康熙年间筑造了大城楼，使整座城池更加壮观。平遥古城占地面积2.25平方公里，总周长6163米，墙高约12米，整座古城由城墙分为内城和新城两个不同风格的世界，城墙内的街道、市面、商铺等保留着明清时代的模样，城墙外是新城。平遥古城的城墙大部分保存完整，是中国现存规模较大、历史较早、保存较完整的古城墙之一。平遥古城是中国目前保存最为完整的古代县城格局，整个平遥古城由纵横交错的四条大街、八条小街、七十二条蜿蜒的巷道组成，布局十分周正。

平遥古城的主要景点有：(1) 平遥

县衙，位于平遥古城的中心，最早修建于北魏，现在保存下来最早的是元明清时代的建筑风格，距今已有六百多年的历史。县衙坐北朝南，印证了中国人常说的"衙门自古朝南开"的说法，是中国现有保存最为完整的四大古衙门之一，也是全国现存规模最大的县衙。2004年第十一世班禅游览县衙时曾经感叹"平遥县衙古衙之最"。(2) 清虚观，位于平遥古城东大街东段路北，最早修建于唐代的显庆年间，原名太平观，宋代改名为"清虚观"，元代时曾称为"太平兴国观""太平崇圣宫"，清代改回"清虚观"，是著名的道教圣观。(3) 孔庙，孔庙也称为文庙，位于平遥县城内东南，是平遥城内著名的景点之一。此外，古城内的景点还有文昌阁、日升昌票号、平遥城墙、瓮城、角楼、镇国寺、双林寺等。

平遥古城是世界著名文化遗产、5A级旅游景区，被国务院批准为第二批国家历史文化名城。平遥古城作为北方典型的古镇之一，没有小桥流水人家，没有江南古镇的钟灵毓秀，但是漫步在平遥古城内，这里的一砖一瓦都散发着历史的气息和古老的痕迹，展现出一种古老的美感，值得游人细细品味。

引文 | YINWEN

归平遥

［宋］颜奎

少年湖上风日，问天何处觅。
湖山画屏晴碧，梦华知夙昔。

解读

颜奎（1234—1308），南宋末遗民词人。字子瑜，号吟竹，太和（今江西泰和县）人。《归平遥》一诗，“少年湖上风日，问天何处觅”是写诗人向天发问，悠游湖上的美好少年时光去哪里了。“湖山画屏晴碧，梦华知夙昔”是说，看到那湖水与青山相映，如画屏一般，不禁追思往事，却恍如梦境。梦华，即追思往事恍如梦境之意。

送王子寿之平遥（其一）

［金］段成己

卜筑谋南迈，回辕遽北之。
有情惭见厚，无语只空悲。

解读

段成己为段克己之弟。段克己中举却无意仕途，终日纵酒自娱。段成己及第，授宜阳主簿。金亡后，两兄弟避居龙门山（今山西河津黄河边）。段克己去世后，段成己自龙门山徙居晋宁北郭，闭门读书，近四十年。元世祖忽必烈降诏征为平阳府儒学提举，坚拒不赴。至元十六年卒，年八十一。

《送王子寿之平遥其一》是抒写送王子寿去平遥之作。

卜筑，意为择选地址建筑房屋，即定居之意。

诗歌是说，咱们本打算南行选址定居，但现在却调转车头向北而行，在此分别。心中有无限情谊，但却无法言语，只剩分别的无限伤感。

平遥夜坐

[明]韩邦奇

漠漠荒城暮，飘飘旅笛哀。

坐看寒烛尽，愁绝夜更催。

解读

韩邦奇(1479—1556)，字汝节，号苑洛，陕西朝邑(今陕西大荔县朝邑镇)人。《平遥夜坐》抒写了诗人在平遥的一个傍晚，听到从窗外传来的凄哀笛声，不禁愁从中来。看着寒烛燃尽，愁绪满肠，夜色显得格外漫长。

扩展 | KUOZHAN

◆平遥民俗与特色

活动

“我在平遥过大年”活动、晋商社火节、平遥国际摄影大展。

民俗

旱船、高跷、抬阁、龙灯、竹马、节节高、地秧歌。

美食

1.平遥牛肉: 平遥牛肉是平遥县驰名全国的特产, 是中国国家地理标志产品, 在清代时名满三晋。平遥牛肉无论是屠宰切割还是腌渍、锅煮, 抑或用水用料等, 都十分讲究。正是因为独特的制作方式, 使得牛肉肥而不腻, 瘦而不柴, 醇香可口, 营养丰富。

2.平遥碗托: 平遥碗托是驰名三晋的风味小吃, 具有面质筋道、滑爽可口的特点, 且富含钙、铁、磷、钾、镁等矿物质, 可养心益肾、健脾厚肠、除热止渴。

绵山

简介 | JIANJIE

绵山位于山西省晋中市介休市绵山镇南槐志村，是国家5A级旅游景点，山西省重点风景名胜区。绵山是太岳山的一条支脉，绵山风景区横跨介休、灵石、沁源三市县地界，景色秀丽，优美宜人。

绵山在太原盆地的西南端、太岳山北侧、汾河南岸。绵山自然资源丰富，山顶有白羊草、苔草、兰花棘豆、铁杆蒿、阿尔泰紫花等，山上自然植被茂盛，有黄榆、桦、山柏、油桦树、荆条等。除了自然植被还有山梨、山杏、山桃、山楂、酸枣、野核桃等经济作物，以及灵芝、猪苓、党参、黄芪、五灵脂、血见愁等名贵中药材200多种。山上有山猪、山羊、豹子、猫头鹰、狐狸、獐、獾、松鼠、黄鹂、啄木鸟、斑鸠等多种动物，生态资源丰富。

绵山风景区除了优美的自然风景之外还有许多仿古建筑和人文景观，著名的景点有龙头寺、李姑岩、蜂房泉、大罗宫、一斗泉、天桥、介公岭以及各式的殿庙、宫观、亭、台、楼、阁、轩、廊、榭、牌楼、古营寨等。

绵山又名介山，相传在春秋时期，晋文公重耳为了躲避祸乱而被迫流亡他国十九年，大臣介子推始终追随其左右，割股啖君，晋文公励精图治，重返晋国，最终成为一代霸主。介子推深谙伴君之道，主动携母亲归隐绵山，功成身退。晋文公为了逼迫其相见而下令放火烧山，介子推坚决不见，最终被烧死于绵山，晋文公后悔不已，为了纪念介子推而下令在介子推死难之日禁烟火，吃寒食，这就是寒食节的由来。绵山就是中国寒食节的发源地，如今建有中国寒食清明文化研究中心，中国寒食清明文化博物馆。

在绵山不仅可以享受美丽的自然风光，感受深厚的历史文化，还可以体验优美的音乐文化和多姿多彩的饮食文化，游览绵山是一场视觉、听觉、味觉的盛宴。

引文 | YINWEN

介之推不言禄

［先秦］左丘明

晋侯赏从亡者，介之推不言禄，禄亦弗及。

推曰：“献公之子九人，唯君在矣。惠、怀无亲，外内弃之。天未绝晋，必将有主。主晋祀者，非君而谁？天实置之，而二三子以为己力，不亦诬乎？窃人之财，犹谓之盗。况贪天之功，以为己力乎？下义其罪，上赏其奸。上下相蒙，难与处矣。”其母曰：“盍亦求之？以死谁怼？”对曰：“尤而效之，罪又甚焉！且出怨言，不食其食。”其母曰：“亦使知之，若何？”对曰：“言，身之文也。身将隐，焉用文之？是求显也。”其母曰：“能如是乎？与汝偕隐。”遂隐而死。

晋侯求之，不获，以绵上为之田。曰：“以志吾过，且旌善人。”

解读

晋献公时，宫廷发生内讧，公子重耳出逃，逃跑过程中，粮食缺乏，大家都只能吃野菜以充饥。重耳实在咽不下野菜，介之推就将自己腿上的肉割下来煮成汤让重耳喝。重耳喝完后连称味道好。后来他发现介之推走路一瘸一拐，经多番追问，才明白事情原委。重耳非常感动，许诺待成功回国后必然重赏介之推。但等到重耳回到晋国当上国君后，对随他出逃的人都有重赏，唯独忘了介之推。介之推自认无功，即使自己不割肉，重耳也会当上晋国国君，于是便携老母归隐绵山。此文所记录的介之推决意隐居时与母亲的一番对话，通过一席对话将介之推母子不贪图名利的高行突显了出来。

本文记叙了介之推在决定归隐时与母亲的对话，深刻批判了争功请赏、猎取名利的不齿行径，颂扬了介之推母子不贪求名利福禄的高洁品行。全篇富于故事情节性与戏剧冲突性，结构完整，人物形象刻画十分到位。通读此篇后，介之推藐视富贵、正气凛然和母亲不动声色、旁敲侧击，都一一跃然纸上。

寒食

［唐］韩翃

春城无处不飞花，寒食东风御柳斜。
日暮汉宫传蜡烛，轻烟散入五侯家。

解读

韩翃(719—788)，字君平，南阳(今河南南阳)人。与钱起等诗人齐名，时称“大历十才子”。天宝十三年考中进士，宝应年间在淄青节度使侯希逸幕府中任从事，后随侯希逸回朝，闲居长安十年。建中年间，因作一首《寒食》而被唐德宗所赏识，晋升不断，最终官至中书舍人。著有《韩君平诗集》。

寒食，是古代在清明节前两天的节日，禁火三天，只吃冷食，所以称寒食。《寒食》一诗的大意是：暮春时节，长安城中到处都是飞舞的柳絮和飘落的花红，寒食节的东风吹拂着皇家花园里的柳枝。日暮时分，宫中正忙着传出御赐的蜡烛，那炊烟散入王侯贵戚的家里。诗中写的“传蜡烛”，是指到清明这天，皇帝宣旨取榆柳之火赏赐近臣，以示皇恩。此制有两层含义：一层是指寒食已过，不必禁火了；二层是皇帝在告诫臣子官吏，以居功而不贪名利的介子推学习，勤政为本，心系百姓。

游绵山

［宋］张商英

夕阳返照影流东，点点寒鸦过远峰。
渔叟罢竿收钓饵，牧童吹笛弄西风。
日光隐隐沉沧海，山色青青耸碧空。
万壑千崖增秀丽，往来人在画图中。

解读

张商英（1043—1122），蜀州新津人，字天觉，号无尽居士。张唐英弟。英宗治平二年进士。有《神宗正典》《无尽居士集》等作品。

《游绵山》是诗人赏游绵山之作。全诗四联均为写景，首联写远景，落日的阳光回照在向东而去的河流上，寒鸦点点，飞过远处的山峰消失不见。颔联写近景，渔夫收起钓竿准备回家，牧童则迎风吹起了笛子。颈联写落日的余光渐渐地沉没在海中，山色青春欲要耸入高空之中。尾联总括，写万壑千崖因日暮来临、日色流变而更加秀丽了，来往之人看着就像在画中一般。

介休三首　其一　绵山

［明］韩邦奇

绵山夕照墨云驰，疑似当年纵火时。
抱玉卞和双刖足，古今不独介之推。

解读

韩邦奇（1479—1555），明代官员。字汝节，号苑洛，陕西朝邑（今陕西大荔县朝邑镇）人。正德三年进士，嘉靖初起山西参议，再乞休去。嘉靖三十四年，因关中大地震，死于非命。韩邦奇文理兼备，精通音律，著述甚富。所撰《志乐》，尤为世所称。

《介休三首　其一　绵山》为咏史诗。前两句写夕阳之中，黑云漫天，好像当年绵山纵火时的景象。后两句用典，卞和，又作和氏，春秋时期楚国人，是和氏璧的发现者。据《韩非子·和氏》记载，卞和在荆山得一块璞玉，先后两次献给楚王，都被认为是石头，便以欺君之罪遭受刖刑，被砍去双脚。楚文王即位后，他抱着璞玉在荆山下痛哭，是为“卞和泣玉”。随后楚文王令工匠剖雕璞玉，发现果真为宝玉，遂称此玉为“和氏之璧”。诗中说，卞和也被冤而遭遇了刖刑，古往今来像这样的人不只有介之推啊。

扩展｜KUOZHAN

◆贯馅糖

贯馅糖与浙江名产“寸绵糖”齐名。贯馅糖是具有1000多年历史的名食品，早在明末清初，贯馅糖就以其皮薄馅香、食之酥脆、绵甜等特点而在国内市场畅销。贯馅糖因主要成分为糖稀，具有一定的养生功效，能温肺、健肾，糖馅中内含核桃仁，又具有补气养血、润肺化痰之功效。

◆油花花

油花花的起源与寒食节有关，每逢寒食节人们摒烟火，只食事先准备的油花花，油花花逐渐演变为介休人喜爱的一种美食。其制作方法如下：第一步，把鸡蛋清和鸡蛋黄分开，鸡蛋黄倒入面粉中。第二步，面粉加入蛋黄、油、熟芝麻和水，揉成光滑的面团，放一会儿。第三步，取一块醒好的面，放在案板上擀成薄片，用刀横向切几刀，再纵向切几刀，使得面片成为若干小长方形。在每个小长方形的面片中间划一刀，大约2厘米长。拉住小长方形的一头，从划开的地方钻过去，一拉，就是一个花了。第四步，起油锅，油要多。把翻好的花花，放入油锅中炸至金黄，捞出放凉食用。

张壁古堡

简介 | JIANJIE

张壁古堡位于山西省晋中市介休市龙凤乡张壁村，是4A级旅游景区。张壁古堡毗邻国际著名景区平遥古城、王家大院、绵山等，交通便利，位置优越。

张壁古堡是独特的袖珍小城，周长1300米，面积12万平方米，海拔1020米，三面是沟壑，一面靠山，地势易守难攻。古堡虽小却五脏俱全，有军事、居住、生产的功能，有占卜星象、宗教活动的场所。张壁古堡整个村子依照中国古代星象和堪舆的理念建造而成，地面布局和天上的二十八星宿相对应，因此又被称为“中国星象第一村”，有着“天上奎星，人间张壁”之美誉。

张壁古堡顺应塬势建造，南高北低，古堡从北边看，左、中、右各有一条深沟向下蜿蜒，古堡西边是峭壁陡坡，深数十丈，古堡东边有沟堑阻隔，古堡南边背靠绵山，真正的是“易守难攻”。除了地理位置险要之外，张壁古堡还建有复杂庞大的地下工程，将军事防御功能发挥到极致。

张壁古堡除了军事设施外还有许多著名的寺庙景观，空王行祠建于明代万历年间，距今有400年的历史，行祠大殿内塑有空王佛像，殿内的墙壁上绘有空王成佛的壁画，殿顶装饰有明代的三彩琉璃装饰，雕刻形象栩栩如生，活灵活现。可罕庙（可汗庙）是张壁村的最高点，是堡中之堡，庙院有三个高度，共二十多米，东西两侧有厢房，月台上有正殿和钟鼓楼，对于具体的设置年代目前史学界尚无定论。此外，还有夏商古文化遗址、北朝地道、金代墓葬、元代戏台、琉璃碑、古校场等多个文物遗址。

张壁古堡先后被评为"中国十大魅力名镇、中国历史文化名村、国家级重点文物保护单位、全国旅游特色景观名镇名村、传统古村落、山西十大新锐景区"等六大桂冠。如果想看一看古代军事、宗教、星象的活动场所，张壁古堡一定不能错过。

引文 | YINWEN

张壁古堡：中国北方古村落的"活化石"

裴云锋

历史人文资源丰富的晋中大地不仅有平遥古城、晋商大院，还有千年古堡，在绵山脚下的介休市龙凤镇张壁村，就有一座集军事、星象、宗教、民俗、农耕多元文化于一体的千年古城堡——张壁古堡。

张壁古堡始建于北朝十六国时期，曾是一座军事堡垒，专家推测为后赵豪强张平所建的众多坞壁（古代一种防御体系）之一，距今已有1600多年的历史。张壁古堡地面布局与二十八星宿相对应，至今堡内仍保存着可汗祠、琉璃碑等诸多珍贵地上文物。地上有明堡，地下有暗道。尤其是北朝古地道长约万米，上中下三层，攻防兼备。

游客从普通民居的地道口进入，穿过立体交叉、四通八达的地下迷宫，出来时已到了村外绵山脚下的悬崖绝壁旁……春暖花开，徜徉在古堡的青石古巷，古老的宅院、千年的庙宇、精美的琉璃、挺拔的云杉交相辉映，游客们可以在少林禅弓院体验挽弓搭箭的乐趣，也可以进入地道，探究古人的军事智慧。

据介绍，张壁古堡是第六批全国重点文物保护单位，国家4A级旅游景区，国家级历史文化名村、中国传统村落和中国十大魅力名镇，是国内仅存、世界罕见、堪称标本的完整古代设防村落文化遗存。古堡占地0.12平方公里，文化丰富多元，包含夏商古文化遗址、北朝古地道、金代墓葬、元代戏台、可汗祠等众多文物古迹。古堡内寺庙众多，殿宇大多琉璃覆顶，色彩华丽，工艺精美，历数百年而光彩熠然。空王殿廊下，烧造于明万历年间的两通孔雀蓝色琉璃碑更为罕见，国内绝无仅有。

中国民间文艺家协会名誉主席冯骥才先生称其为"被历史遗忘的聚宝盆"和中国北方古村落的"活化石"。著名建筑学家罗哲文考察后认为："张壁古堡历史悠久、文物

丰富，堪称国之瑰宝。”中国军事科学院军事战略研究专家称之为“古庙神佛异，明堡暗道奇”。中国魏晋南北朝史学会会长李凭教授认为：“北朝的历史就是山西的历史，真正的坞壁在山西，张壁古堡称得上是北朝坞壁唯一幸存实例，具有很重要的学术研究价值。”

介休人郑广根多年来一直是张壁古堡文化研究的推进者、发掘者和义务解说兼导游员，听过他讲解的游客数以万计，大家都亲切地称他“老郑”。据他介绍，张壁古堡依山而建，南高北低，堡南依托高大的绵山，西北东三面皆有深沟，有高10米的堡墙环绕，易守难攻。古堡只有南北堡门，一条300米长、红石砌成的“红顺街”连接南北。主街两边分布着7条深邃的古巷，与主街均呈T形，巷口设巷门，关闭巷门后又可成为堡中之堡。各巷之间既可各自为战，又可相互呼应，形成独特的内部防御体系。

此外，张壁古堡还有长达万余米的地道，与地面建筑巧妙地连接在一起，形成完整的防御体系。古堡的地道从距离地面不足1米的最高层，到距地面约20米的最底层，三层地道交错相通，遍布着哨卡、通气孔、囤粮地、士兵休息窑、伏击窑、将军指挥窑等，从每家每户的地道口进入，可一直延伸到村外的绵山脚下。

近年来，张壁古堡旅游越来越受欢迎，仅2019年就接待游客57.26万人次。第一次来张壁古堡旅游的黑龙江游客袁炳发就被深深震撼了，直说了三个没想到：“没想到它有如此规模的古代战术地道，据说在世界上也是独一无二的；没想到这里的宗教建筑如此密集，就像一个宗教博物馆；没想到张壁古堡古建筑保存得如此完好。”

为更好地保护和传承张壁古堡这座历史瑰宝，2009年，山西凯嘉张壁古堡生态旅游公司正式接管张壁古堡景区，先后投资4亿余元用于建设张壁新村，将堡内规划范围内的原住民搬迁至新村居住，从根本上减轻古堡所面临的生态压力与居住性破坏，实现古堡生态的良性修复。同时，不断整合周边文化旅游和生态资源，举办“地道中国年”、汉服文化节、少林禅弓全国传统射箭比赛等各种文旅活动，宣传推介张壁古堡文化，将张壁古堡打造为集文化旅游和休闲度假于一体的文化产业园区，让千年古堡重新“活”起来，千年古村实现振兴发展。

解读

此文出自2021年3月29日的《山西日报》。文章对千年古村张壁古堡的历史、形制、当代发展等进行了简单介绍。

扩展 | KUOZHAN

◆银条菜

银条菜为蔬菜中罕见的珍品，而且只有介休一地出产，被誉为介休市“八珍”之一。古诗有云：“春雨涟霰霖余，玉楼人喜午晴初。清清白白银条菜，玉版冰壶总不如。”诗中所指便是介休的银条菜。银条菜系多年生草本植物，茎细长而直立，叶呈披针形，花小为淡红色。其根茎长30多厘米，竹筷粗细，茎空心而有节，色白。人们常在每年开春后，蔬菜青黄不接时食用银条菜。拌食凉菜或是和猪肉同烹，都不失其独特风味，此菜色白如玉，脆嫩可口，而且营养丰富，对便秘、肠胃炎等病症有明显疗效。

◆砂子饼

砂子饼又称疤饼。称“砂子饼”是因在制作中使用卵石有关，称“疤饼”是因其制成后，饼脸凸凹不平。制作砂子饼相对简单，将面、食用油、鸡蛋、盐、五香粉等一起和好，分成若干小段，用擀面杖擀得既圆且薄。再将其置于平底鏊里烧热的卵石上，用文火烤熟即可。

红崖大峡谷

简介 ｜ JIANJIE

红崖大峡谷位于山西省晋中市灵石县小柏沟村东，地处祁县、太谷、平遥、灵石的晋商民俗文化旅游带上，是太岳山国家森林公园的十大景区之一，是国家4A级旅游景点。

红崖大峡谷谷中岩石多以红色居多，形成于距今一亿三千万年前，是地壳运动受到挤压导致褶皱隆起而成，后又经过水溶蚀形成了著名的喀斯特地貌。

红崖大峡谷山高峰险，山势险要，人烟稀少，动植物种类繁多，奇花异草，山禽野兽，遍布山野，集险、秀、雄、奇、峻、幽于一体。

景区的植被资源丰富，森林覆盖率高达97%℃，素有“山西绿宝石，天然氧吧”的美誉，峡谷内森林草木植被茂密，生态环境优美，风光旖旎，同时水资源充沛，瀑布较多。

峡谷内的年均气温10.7℃，再加上峡谷内森林覆盖率高，水资源丰富，因此在夏季峡谷内的平均气温只有23.7℃左右，是山西省内绝佳的避暑胜地。到了金秋十月，峡谷内的树木变了颜色，有红色的、黄色的、绿色的，最适合看风景了，五彩缤纷、绚丽多彩，使人如临“天仙美境”，让游客不由自主地赞美风光无限好，使人流连忘返。

在红崖大峡谷的景区内有著名的“U”字形全封闭的夹板沟，两侧悬于悬崖峭壁之上，沟底幽长深邃，犹如夹板，抬头只见一线天光，其险无比，又被称为“一线天”。

有勇士漂流项目“峡谷漂流”全长2800多米，落差大、流速快，两岸景色秀丽，是山西绝佳的漂流之地。有四季风景迥异的林秀溪，四季溪水清澈见底，溪边古树古藤错落有致，春天绿意盎然，夏天林木茂密、蝉声争鸣，秋天红叶交辉，冬季白雪皑皑、银装素裹。还有长寿谷、养生谷、牛角鞍、侏罗纪、龙潭、千层岩、亚高山草甸等绝佳旅游胜地。

国家森林公园
红崖大峡谷

引文 | YINWEN

灵石红崖峡谷游记

解德辉

早闻灵石有个红崖峡谷，属太行山系，为太岳山国家森林公园八大景区之一，集险、秀、雄、奇、幽于一体，断崖壁立，奇峰危岩，气势宏伟，千姿百态，是一处天成胜境的"U"形峡谷；又闻红崖峡谷森林覆盖率达96.84%，素有"山西绿宝石""天然大氧吧"之美誉，拥有峡谷、森林、高山、草甸及多样性气象，森林茂密，草甸坦荡，是一个风景秀丽的原生态旅游胜地。庚子之年，盛夏时节，慕其名而走进灵石，走近红崖峡谷。

——题记

红崖峡谷，位于晋中市灵石县的太岳山，地处祁县、太谷、平遥、灵石之晋商民俗文化旅游带上，北邻绵山8公里，西邻王家大院5公里，三者天造地设形成一个旅游金三角，独特的地理位置、优越的自然环境、悠久的历史文化，孕育了一方水土，创造了千秋文明。景区总面积28平方公里，山高峰险，人迹罕至，动植物资源丰富，奇花异草、四时交替，珍禽异兽、遍布山间，森林覆盖率达96.84%，素有"山西绿宝石""天然氧吧"之美誉，被国家林业局授予"最具影响力森林公园"，是国家4A级景区，也是华北地区所有景区中唯一拥有峡谷、森林、高山草甸及多样性气象景观的原生态旅游胜地。

走近红崖峡谷，放眼四望，我被满目的绿色、苍翠的青山和峡谷清凉新鲜的空气所吸引、所震惊。雨雾蒙蒙，烟雾笼罩，高大的山门豪气一派，气势恢宏的峡谷若隐若现，如梦似幻，美轮美央。断崖壁立，峰峦起伏，青山巍巍，朦朦胧胧，仿如进入人间仙境，一种逼人的英气、一种诱人的神秘，沐浴心神，浸润山川；一种摄人的雄浑、一种撼人的气概，迎头袭来，跨越历史，流经岁月，赏心悦目，心旷神怡。

说起灵石，我自然要探寻县名之由来。据《灵石县志》（明万历廿九年版）及有关史料记载，隋开皇十年(590)，文帝北巡，傍汾开道得一巨石，似铁非铁，似石非石，传说此石出土时其上有文曰："大道永吉"。文帝以为祥瑞，遂废永安置灵石县。这里关于此石，还有诸多传说，有的说此石为女娲补天所遗，有的说是大禹治水在此"打开灵石口，空出晋阳湖"，还有的说此石为灵石县镇水之石。每当夜阑人静之时，人若伏于石上还能听到汾河水潺潺流动之音。千百年来，"灵石"或被帝王用来粉饰太平，或被百姓用来寄托希望，在"灵石"身上留下很多的传说故事。后经科学考证："灵石"含铁量达96.17%，为全国第二大铁陨石。"天石呈瑞"为今灵石八景之一。县以石名，千年沧桑。紫气灵光，令人神往。天石即"灵石"，位于灵石县城北门外(今天石呈瑞园)，这块神秘的天外来石，高1.8米，底宽1.55米，顶宽1.3米，表面呈褐色，略有光泽，石面多孔，重约6.8吨，观之其色苍苍，叩之其声铿然。

驻足观赏高大山门"红崖峡谷"四个红色大字，由是我在想，何谓"红崖"？从字面意思理解，红崖者，红色岩石也。据有关史料载：红崖峡谷景区，因峡谷中，岩石以红色居多，而且都形成陡峭的悬崖峭壁，故称之为"红崖峡谷"。红崖峡谷形成于中生代，大约距今1.3亿万年前—7000万年前。当年，地球上的地壳因受到强有力的挤压，导致峡谷皱褶隆起，形成绵亘的山脉，红崖峡谷正是在那时形成的山地，后又经过了上亿年水流之溶蚀，最终形成了喀斯特地貌。

红崖峡谷是太岳山国家森林公园八大景区之一。太岳山国家森林公园位于山西中南部，它是由汾河东侧的绵山、牛角鞍、石膏山、五龙壑、老爷顶等高大山峰自北向南连贯的主脊线及向东延伸至沁河两岸的山峦和沟壑所构成，整个公园涉及7县2市，总占地面积达6万公顷。园部设在沁源县的郭道镇。太岳山以其拔地通天、擎天捧日之势，凌驾于晋中平原之上。层峰叠峦，逶迤绵亘，林木繁茂，郁郁苍苍。景色以自然山水为依托，以森林风光为主体，人文和自然景观交织融合，彰显了"青山藏灵秀，苍松映古刹"之特色。景中有园、园中有景，又各具险、秀、雄、奇、幽而著称于三晋大地。牛角鞍是红崖峡谷景区内最高峰，海拔2566.6米，是太岳山最高峰，也是晋中市第一高峰。

太岳山，又称霍太山，重峰叠峦，逶迤绵亘，高耸入云，峻极于天，以其雄伟磅礴之势，凌驾于晋中、晋南盆地之上。氏族社会时代，人们曾以为这座拔地而起的霍山是华夏第一高峰，故冠以"太"字。相传大禹治水，曾登临山巅祭天，汉代又被定为祭天名山——"五镇"之一"中镇霍山"。太岳山，叠嶂连云，劈地摩天，奇峰险峻，岩石峥嵘，断崖壁立，沟壑幽深，林木繁茂，满目苍翠，孕育了雄、秀、古、奇、险、幽之特色景观资源。

走近红崖峡谷，我不仅了解了"红崖峡谷"之来历，而且感悟了太岳山之奇特景观，还特意观赏了峡谷、森林、高山、草甸及多样性气象之秀美风景。此行，或乘公交车上山，惊坡陡弯急险，心惊胆战；或爬高山草甸，观散牛木屋，心情愉悦；或看苍松翠柏，望云浮天蓝，心旷神怡；或观连绵山峦，赏蝶飞虫玩，赏心悦目；或坐享牛角鞍，美拍最高峰，山高人为峰；或躺坦荡草甸，思起伏人生，感悟颇多；或在峡谷一线天，林秀溪水涧，陶冶情操；或游峡谷栈道，赏溪水瀑布，心绪飞扬；或坐蔽日林荫，吃零食水饮，谈笑风生；或嗅花香草味，闻溪水鸣涧，野趣横生；或漂流大峡谷，探险千层岩，惊涛骇浪。满峡谷游人，溢山间欢声，怡然自得。观山水之美，悟人文之道，不忘初心。这里四季常青的云海奇松，旭日艳丽的红叶坡，断崖壁立、峰峦起伏的"U"形峡谷，令人目不暇接，流连忘返。

走进夹板沟，这是一个"U"字形全封闭峡谷，因两旁悬崖陡立，沟谷狭长深邃，形如夹板，人入其中，仿佛被两山相夹，抬头只能看到一线天光，其险无比，因此也被叫做"一线天"。踏上石头铺筑的石板小路，看着沟渠里缓缓流淌的溪水清澈见底，看着茂密的森林绿树成荫，一阵微风徐徐吹来，有一种凉风习习的美感与快感，我瞬间对"天然氧吧"有了深切的体悟。走进爱情谷，这里是最浪漫的景点。穿梭于山水绿林之间，品味着爱情谷文化带来的甜蜜温馨。在这幽静的峡谷中，邂逅爱情驿站，玩一把爱情游戏，把浪漫带入快乐之旅，书写一下现实版的爱情故事，让亲情、友情、爱情在此延伸，看着那一对对情侣争相留影，浪漫中洋溢着美好情趣，满是一份温馨甜美润心田。

搭乘一程高空缆车，走进亚高山草甸，徒步登上牛角鞍，只见这里是中间高两边低，形状像马鞍，且高入云端，如牛角耸立，方知牛角鞍一名来历。1958年，国家测绘总局测量出其精确海拔高度为2566.6米，既是晋中的制高点，也是太岳山的最高峰。登高而望，环顾四周，极目远眺，万千美景尽收眼底，仰躺于一望无垠的万亩草甸，遥望着一碧如洗的蓝天，感悟大自然所赐予这块土地的神奇与妙曼。在此，不仅可看日出、观日落，还可听松涛、观云雾。这里"一山有四季，十里不同天""谷口晴空万里，谷中雾霾茫茫，谷底大雨倾盆"；这里，春季百花吐艳，夏日浓荫遮阳，秋来层林尽染，冬至挂雪披霜。我相信，凡到此一游的人都会被这美景所陶醉。从峰顶往下看是望不到边的亚高原草甸。盛夏时节，这里绿草肥美，红的、黄的、白的、紫的等各色野花争奇斗艳。这里山路不算高，有圆木或木板铺设的梯路，行走其上，我忘记了跋涉之疲劳，忘记了心中之烦恼，内心满是兴奋和激动。就在踏上草甸那一刻，我就被眼前的群山峻岭、悬崖峭壁和一望无边的草甸惊呆了，原来世间竟然有如此奇妙之景观。在这堪称"伊甸园"的地方，顿觉神清气爽，原来这里才算是真正的天然氧吧！丰富的负离子把长期呼吸雾霾的城里人的肺来了一次除垢剂清洗般的洗涤。云雾缭绕的高原草甸仿若仙境，就像一位素面朝天的草原牧女那样清纯自然。其实，红崖峡谷之美远不止于此，那更多更美的风景远在徒步峡谷的跋涉中。由是，我在想，行走大美山西，再美的景也要山水相依，没有水，山的雄奇总是缺少些阴柔之美。从河谷到山巅，一直有溪水山泉，流水潺潺与我一路相随。“江河天地外，山色有无中”这是王维对壮美山河描绘的词句。灵石红崖峡谷之泉水溪流虽然没有诗人描绘的那么波澜壮阔，但也为这里壮观雄伟的山谷增添了无限生气。置身峡谷，青山绿水，山水宜人，此时此刻，我很难再找到最美最好的词汇来形容它了。

解读

本文节选自微信公众号“行走大美吕梁”。作者解德辉，现供职于吕梁市委政研室（市委改革办、市综改办）。本文是作者游赏红崖大峡谷的一篇游记，介绍了红崖峡谷的来历，描述了峡谷的奇特景观、秀美风景，可谓写尽红崖大峡谷的景致之美、之盛。

扩展 | KUOZHAN

◆灵石荆条蜂蜜

灵石荆条蜂蜜历史悠久，可追溯到明朝万历年间。荆条蜂蜜的蜜源为荆条。其蜜色泽艳，呈半透明琥珀状；结晶细腻乳白，气味芬芳，口感甜而不腻。荆条蜂蜜有多种功效，如止咳润肺、健胃通便、防暑清心，还能补身益气、延年益寿，有相对较高的食用、药用价值。1982年，在部颁的蜂蜜标准中，灵石荆条蜂蜜被列为一等品。

石膏山

简介 | JIANJIE

石膏山位于山西省晋中市灵石县南关镇峪口村，距灵石县城东南约35公里，是太岳山主峰之一，在太岳山北段，与介休绵山、沁源灵空山鼎足而立，现开发的旅游面积20平方公里，是国家4A级旅游风景区。

石膏山有着相对独特的地质构造，由三条水系与其他山脉隔开，孤立成峰，海拔高度2500多米，山势陡峭，坡度大约在40度左右，区域内的断层较多，形成高耸矗立的悬崖峭壁和大小不一的溶洞景观，溶洞中有许多形态各异的石钟乳，形成了丰富多彩的地貌景观。

石膏山自古以来就是人们登临神游、朝山拜谒的历史名山。石膏山其名并不是因为山上产石膏，而是会滑翔的鼯鼠在悬崖上产下乌黑发亮的粪便（中药俗称“五灵脂”）流到岩壁上，形成黑色的脂膏，当地人不知真相，误以为是岩石渗出的膏脂而取名石膏山。石膏山的“膏山化石”演绎出观音菩萨三十二化身之一的白衣大士在此地“感石滴乳，抱裹真身”的美丽神话传说。石膏山上的灵沁古道在汉唐时期十分有名，传说韩信伐赵，刘邦征代，汉文帝刘恒从代邸迎归长安继位皇帝都途经此地，民间传说北魏孝文帝拓跋宏、宋太祖赵匡胤等都路过灵沁古道。至明清时代，石膏山上佛教盛行，朝山、祭拜香客众多。

石膏山山峰层峦叠嶂、高耸入云、风景秀丽。有四峰环抱、山峰耸翠之美景；有清幽流水的旖旎，千尺巨瀑的壮观；有古道幽径、名刹古寺的秘境；有漫山红叶、杜松宝塔的秀丽景色。石膏山旅游资源丰富，四季景色不同，涵盖了除温泉外的几乎所有的旅游资源，由于山的海拔较高，在春末或者初冬时期，山下是春雨沙沙，抑或是秋雨绵绵，山上却是皑皑白雪，景观蔚为奇特。石膏山有著名的膏石叠翠、莲池净泉、龙潭神泉、茅庵洞天、罗顶松涛、钟泉澄澈、树塔玲珑、云路横空、回顾柏龙、天门壮观十大景观，弥足珍贵的自然景观和人文景观相互映衬，是绝美的旅游佳境。

引文 | YINWEN

义蜂

［明］傅山

群蜂失其主，浩荡往来飞。
苦蜇撩人打，甘心得死归。
穿花红乍落，入林绿全腓。
烧睫君臣泪，无从湿征衣。

解读

《义蜂》据传是顺治十四年秋，傅山带着儿子傅眉自江南游历归来时路过石膏山，在此逗留并游赏美景。他在后寨门看到石壁上的洞穴，发现有蜂窝之地，由此而联想到了无数为反清复明而前仆后继之士。傅山触景生情，作成此诗，并题写了“义峰壁”三字，以缅怀其志。诗中“群蜂失其主，浩荡往来飞。苦蜇撩人打，甘心得死归”正是对反清复明之士状况的喻写，“甘心得死归”写尽仁人志士的壮志。“穿花红乍落，入林绿全腓”又将蜜蜂欲采蜜而花落绿腓的情况写尽，喻指反清复明之士的志愿实现非常渺茫。最后一联抒情，直抒无限悲怆。

旧《石膏山志》

1.膏石者，即上岩抱佛真身之石膏也，在洞内白衣殿后。相传白衣大士涅处，感神下流石液，干结坚石，抱裹真身，中留一口，大如碗，垂千余年，至乾隆时，口尚未闭，今已闭塞不见真身。细察此物，似石非石，似膏非膏，层层结起。盖是崆洞石精，色泽鲜美，翁翠可观，形与海鸟无异。人登其上，恍若徐福游蓬莱也。山因之以得名。此石为神石，人若诚心拜祷菩萨，将此石取回以炭火锻炼纯熟，研为细末，用红白糖冲服，可治一切寒火杂症。然非若湖省之石膏，可作出产变卖。

2.在罗汉顶东下里许，一名莲华池，又名净身窑。相传白衣大士修成后来此洁净身体。大小水池二十四个，像春夏秋冬二十四气。池内光滑，池外石质为鳞片形，似莲花初蕊，池池皆然，等次不乱。自下而上，一层高一层，又像莲台，池内有水，四时泓然，不涸不溢，真仙境也。

3.龙潭在上岩龙王洞内之旁，四面皆石，其形似潭。其水不见来处，时常湛清，旱不涸，雨亦不溢，味甘美，饮之爽人心目。每逢雨泽愆期，村民多来此祈雨，有求皆应，故曰神泉。

4.茅庵在罗汉顶东北，为白衣菩萨修道所也。洞口向东，名曰朝阳洞，又曰天然洞。洞内有石泉，深尺余，名菩提泉。泉水四时不竭，昔日菩萨饮之得道，因此菩提得名。人若常饮此水，能明心见性。后一窑，名曰禅定窑，口小内宽，可容数人坐功于内，人莫知之。

5.罗顶在抱拂洞之东，名曰罗汉顶，当本山之正脉，顶中耸立，名为耸翠。相传此山有僧成四果罗汉，涅此地，因此得名。乔松林立，株有数千，松色苍苍，蔚然深秀，而怒风常号，松声不息，远听之若海涛，故曰松涛。

6.钟泉在铁佛岩下里许，系地内铁钟一口，钟口仰上，口径可三尺，深可四尺余。水在钟内，不见来去，四时泓然，旱不涸，雨亦不溢。水色湛清，味甘美。昔有一僧至此，言说此水与西方八德池中水味相同，必是佛由西方运来，故又名曰：“八德钟泉。”何为八德?一澄净，二清冷，三甘美，四轻软，五润泽，六安和，七除饥渴，八长养妙根。此钟可容水十担，若连汲数十担，泉不竭；数日不汲，泉亦不溢。即来者有百余口人，也是足用，诚神钟也。钟之来历，年久失考。相传有二兔抬钟上山献神，至此遇人冲破，二兔丢下就跑。此话虽然不经，然按此钟之重量，此山之崎路，非得神助，人力万难运上也。

7.中岩之前有地亩余，中有古杆一树，粗可两围，高可十二丈，横无大枝，从下往上二十余蓬，一蓬小似一蓬，层层收缩，形同宝塔。入目透澈，仿佛玲珑，树当梵音洞前，俨然一座天然宝塔也。故风雅之士临止，多有题咏。

8.云路者，中岩至上岩之石梯也。峭壁之中，一线鸟道，昔时以木栏边，临斯境者，无不胆战心寒。同治元年，菩萨显异，用火开凿，外又砌砖为栏，从此危险既无，人可上下。栏共五十三垛，系按五十三参，每值元宵佳节，出灯五十三盏，远视俨若火龙，诚仙境也。

9.柏龙在梵音洞天竺寺山门上高约五、六丈之峭壁间。系古柏二本，横于岩空，外一本大如斗，宛如龙头;内一本二枝歧分，屈曲蜿蜒，俨若龙尾。二本相距丈余，仰之又似藏于壁中。诚美观也，因名之曰柏龙。

10.视云路西南而下数十武，为天门，名曰南天门。右倚峭壁，仰可百仞;左临高岩，下视千丈。而且楼阁高立，颇壮观瞻。凡履兹山仙境者，舍此则莫可通也，诚山之关隘矣。

解读

以上十段引文是对石膏山十景的描述，这十景都是极为典型化的景观，集中于西峰主景“梵音洞天”周围。

扩展 | KUOZHAN

◆舍身崖传说

很久以前，石膏山下有一户李姓人家，有一子名叫贵生。有一年，贵生年事已高的母亲突发重病，多处请医求药都无济于事，眼看就不久于世。贵生是个孝子，无计可施的情况下，他到处烧香磕头，只求治好母亲的病。一日，有人告诉他，石膏山上有位白衣大士，非常灵验，你需向他许愿求他救治你母亲，然后就舍身从南天门外的悬崖跳下，就能换回你母亲的一条命。贵生当天便来到白衣洞前，三叩九拜，向白衣大士许愿，愿以自己的命换母亲一命。回家后看到母亲病好许多，深信是白衣大士显灵了。为践行诺言，贵生登上山顶纵身跳下。不知过了多久，他只觉得自己似在云间，恍惚看见观音脚踏云朵而来。贵生猛然清醒，发现自己没死，身在半崖中的一棵柏树上，后被人救起。因此传说，而有“舍身崖”之名。

王家大院

简介 | JIANJIE

王家大院位于山西省晋中市灵石县静升镇静升村，距离灵石县城东12公里，靠近平遥古城和介休绵山，由静升王氏家族历时300余年修建而成，总建筑面积25万平方米，是全国重点文物保护单位和4A级旅游景区。有“三晋第一宅”之称，比乔家大院规模更大，保存更完整，有着“民间故宫”之称。

王家大院的主人出自太原王氏后裔，元代时期迁居于静升，以卖豆腐和耕作起家，由农及商，由商到官，兴盛时期有40多人在朝中做官，家业逐渐变大，遂大兴土木，到清朝康熙、乾隆、嘉庆年间家族发展至鼎盛，前后修建了“三巷四堡五祠堂”。

王家大院整体的院落布局继承了西周时期前堂后寝的庭院风格，起居功能一应俱全，彰显出古代官宦门第的威严和宗法礼教的规制。整个王家大院主要分为东西两个片区，东区（高家崖）建筑群拥有大小院落35座，房间342间，主院“敦厚宅”和“凝瑞居”皆为三进四合院，配套有绣楼、书房、花园、祭祖堂等，王家大院的“砖雕、木雕、石雕”艺术主要体现在高家崖部分。西区（红门堡）依山而建，从高到低有四排院落，左右对称，中间有一条主干道和三条横巷，形成一个规整的“王”字造型，内有29座院落。红门堡内有中华王氏博物馆、力群美术馆。著名的景点司马院位于红门堡内，该院有三门四院，四院主体风格分别寓意“加官、进禄、增福、添寿”。绿门院位于红门堡内，庭院装饰华丽，雕刻技艺高超，其中的木雕挂落“满床笏”，石雕“四爱图”尤为有名。顶甲花园是红门堡的共用花园，园中花草树木多样，环境幽雅。此外还有孝义祠、资寿寺、静升文庙等景点。整个王家大院古香古色、环境优雅、简洁大气，其中珍藏着圣旨、千工床、大清万年一统天下图等文物，具有极高的历史研究价值。

引文 | YINWEN

王家大院游踪（节选）

侯廷亮

从高家崖堡西门出来，过石桥，静候你的是王氏家族的另一座古堡，名叫红门堡。红门堡，本名恒贞堡。为何又叫红门堡呢？这里有一则趣闻。传说恒贞堡内“平为福”院建成之后，院主人王家十六世孙王中极，为图大吉大利，听信阴阳先生，将大门油漆为红色，不料有人告发其犯上，惹来了祸端。好在王家朝中有人，消息灵通，在朝廷查办人员到来的前一天夜里，王中极已将大门改漆为绿色，免去了一场祸患。从此，恒贞堡便有了红门堡的俗称至今。

红门堡是典型的北方全封闭城堡式建筑群。体状呈长方形，南低北高，负阴抱阳，四周顺山势高墙壁垒，顶部筑有凹凸整齐的垛口，与城墙一般，最高落差达28米。此堡从乾隆四年始建，历时58载建成。堡内建筑，以古代编制户籍的“甲”为单位，共分为四个甲次，有大小院落88座、房屋776间，面积2.5万平方米。

红门堡的建筑古朴粗犷，具有明代遗风。建筑布局隐一个“王”字在内，又潜以“龙”的造型。前者将祖姓刻在地面上的做法不多见，大概是期望后人不忘宗祖，或以王

姓为荣耀而自诩，甚或还有别的什么含义吧！后者"龙"形是说，高高扬起的南堡门楼是龙头，底甲东西对称的两口水井是龙眼，前俯后仰横贯南北的主道是龙身（亦即"王"字中间的一竖），而用河卵石铺就的不规则花纹路面是龙鳞，两侧对应的小巷是龙爪，还有北堡墙曾经与南堡门楼遥相呼应的一株柏树为龙尾。如此以"龙"作为象征，无疑表明了王氏望族作为龙的传人的一种本能心理，或憧憬家业龙腾飞跃，或企盼子孙成龙变虎，或凭借龙的威慑力来渲染宅居的气势等等，让人感到非同凡响，萌生一种神奇而慨然的心理感受。

游览红门堡，从东二甲与石桥连接的"荷天休"腰门进来，不必打问线路如何走，你可以敞开心怀，按着自己的兴致自由自在地游玩。或踏着"龙爪"行进，到各个院子里观赏，或蹲在"龙身"取景拍照，或先到"龙头"仰视，或攀上"龙尾"鸟瞰。堡墙之上四面相通，可环城堡绕行一周，而尽览古镇静升，尽览四野风光。堡内巷道纵横交错，可任你上下左右来去。

堡内自下而上的一排排院落，对称规整，看似千篇一律，其实千变万化，且多为三进或四进式院落。如果因为时间关系或别的原因不能一一饱览的话，应当选择最具特色的"司马""绿门"两院一睹风采。

司马院是二甲西巷的第一院。主人为王家十六世孙王寅德。其官职候选州同，称州司马。又因门额有"司马第"之匾，故称司马院。此院在民间还有个可怕的名字，叫妖怪院。据传，主人书院神龛内供奉着狐仙，半夜出巡能歌善舞，并与主人所养之鹿同玩于小园中，有人见后，传之乡里，故而有了妖怪院之说。虽家谱上亦曾有人撰文描述，其实这妖狐之气不足为信。倒是这院落的布局设置会引起人们的极大兴趣。入门是一条狭长的通道，深处方门之上有一座古朴小巧的望月楼，西侧一前一后有两道门，门里连套着四幢院落。曲幽多变，隔连自如。正所谓“一关辖三门，三门通四院”之格局。如此阵势，虽民居中不乏其例，但在王家大院百余幢院落中还是唯一的。别有情趣的是，其中四幢院落的院名，取一院至四院环环紧套、深入递进之意，依次命名为“加官”院、“进禄”院、“增福”院、“添寿”院。这些称谓听来似乎觉得有些俗套，但对当时的主人来说，亦是表达追求功名与美好生活的一种方式。然而，值得回味的是，“增福”院左右墙壁上“勤治生，俭养德，四时足用；忠持己，恕及物，终身可行”的石刻箴言，它在教化子孙，不论任何时候都要遵循“律己宽物”这样一个做人的道理。自然亦是世人当以铭记的警语。

绿门院，本名平为福院，在三甲东巷，由于大门被漆为绿色，故而有了绿门院之称。主人是前面已提及的王中极，官至布政司经历加二级，诰授奉直大夫，晋封中宪大夫，宣武都尉。乾隆五十年圣驾临雍，曾赐其黄马褂一件，银牌一面。正因此故，方得以按朝规享用绿色之门。因为绿门是当时朝中一二品官员才可使用的颜色。因此，前面传说中的所谓为避祸患红门改漆绿门之谈，纯属谬传，不可置信。

绿门院的建筑格局，是由东西三路前后二进或四进大小八个方合院组成的。所谓方合院，是指按照周王时以中土为核心辐射四方之四路诸侯方位形势而制定的礼的秩序。方位自天，礼序从人，反映的是天人合一，以礼为纲的传统礼教观念。这种布局尤显特别，极为罕见。举足投身其间，有如置身于万花筒中，不论二进还是四进院落，屋宇栉比，楼堂杂错，院内见厅，厅内见院，院院都有各自的功能，特别是居所的定位，都有主仆长幼的区分，都有严格而不可相悖的规矩。然而，更让人称奇的是，房檐屋面，门里门外琳琅满目的装饰艺术。或木雕，或砖雕，或石雕，题材广泛，形式多样。有文有武，有仙有道，富贵寿考，四季花卉等等。件件形象生动，样样趣味横溢。其中，“松、竹、梅、兰”四君子石刻，以花作字，乍看是花，细看是字的表现形式甚为独到，还有精雕细琢的木雕挂落“满床笏”及石雕门枕石“丝绸之路”等装饰物，无一不使你为古人高超的技艺而折服。

解读

该文是引自侯廷亮《我与王家大院》一书，由山西经济出版社2009年9月1日出版。作者侯廷亮，笔名汀兰。现任灵石县文化文物旅游局副局长、灵石县王家大院民居艺术馆馆长兼力群美术馆馆长。编著有《灵石谚语集成》《灵石歌谣集成》《灵石故事集成》《王家大院志》《王家大院·静升文庙·资寿寺碑文汇编》和文艺作品集《春晓》及散文集《资寿寺》。节选部分主要讲述了王氏家族的其中一堡——红门堡的建筑特点，以及其中最具特色的“司马院”和“绿门院”。

扩展 | KUOZHAN

◆甜荞面凉粉

关于甜荞面凉粉，有一个传说：赵匡胤由黄泽关来到山西，正当酷暑，人马困顿，气虚体累，只想吃一些凉饭。这时有一位白发老者盛来一碗白条食物。赵匡胤吃后，倍觉口感清爽，于是问这种食物是什么做成的，白发老者答曰是用甜荞麦所做，说完便消失不见。自此，便起名甜荞面凉粉。

◆灵石骨累

灵石骨累是灵石县的特产，是最具代表性的灵石风味食品之一，酥软可口、营养丰富。相传，慈禧与光绪皇帝西行西安路经灵石时在吃到骨累与和和饭时，胃口大开，赞不绝口。临走时，慈禧让李莲英将骨累的制作方法带回去。待到慈禧回宫，便常让厨师为其做灵石骨累与和和饭。